空き家にさせない！「実家信託」

~ケース別 信託設計における契約書、登記、税務

司法書士法人ソレイユ
司法書士 **杉谷範子** 著

日本法令

はじめに

　少子高齢化の波が押し寄せるに伴い、空き家の増加が社会問題となっています。これまで、空き家への警鐘を鳴らす書籍は出版されていても、それに対する実効力のある対策について書かれた書籍はありませんでした。

　空き家対策として、最低でも、遺言書の作成は必要でしょう。しかし、遺言だけでは、認知症対策は不可能ですし、そもそも「遺言」という言葉は「遺書」をイメージさせてしまうため、親に作成してもらうこと自体、ハードルが高いと感じている方が多いようです。

　また、空き家を相続しないよう、安易に相続放棄をすすめている書籍も見受けられます。しかし、相続人全員が相続放棄してしまうと、裁判所によって相続財産管理人を選任してもらうなどの手続きが必要となり、費用と時間がかかります。実家を貸したり売ったりするハードルが数段上がってしまって、空き家の被害をさらに拡大させてしまうのです。

　政府は、平成27年に空家対策特別措置法を施行し、すでに空き家になってしまった建築物の対策に乗り出しました。固定資産税等の住宅用地の特例を除外したり、行政代執行を可能にするなど、市町村長による措置を対策のひとつと考えています。

　さらに、平成28年度税制改正で注目を集めた改正が、「空き家に係る譲渡所得の特別控除の特例」（以下「空家特別控除」といいます）です。被相続人の居住の用に供していた家屋を相続した相続人が、譲渡益から3,000万円を控除することができる

ようになりました。ただし、これを利用するには多くの要件（36ページ参照）を満たさなければなりません。

　上記の法改正で対応できる範囲は、すでに空き家になってしまった不動産に極めて限定されています。なんらかの理由で不動産の売買や賃貸ができなくなる、言わば「不動産の凍結」によって空き家になってしまってからでは、解決が困難になります。空き家になる前から防御しておかないと、今後、急激な空き家の増加に対処するには、実効性のある対策をとることは難しいといえます。

　まずは、19ページの「実家信託判断チャート」で、みなさんの実家が空き家予備軍ではないかを診断してください。

　ところで、信託法が大改正されて平成19年に施行されています。この改正により、いままで信託銀行や信託会社など、免許や登録を受けた大資本の業者しか取り扱えなかった信託が家族や知人などの信頼できる人との間でも手軽に使えるようになりました。

　私たちは、信託を活用した資産の有効活用に長年取り組んできました。そして信託を使うことで、お客様の切なる願いを叶えられることが、実務を通じてますます明らかになってきました。

　私どもは、お客様とじっくりと向き合い、信託の活用を進めてきました。そして信託の素晴らしい効果が確信できるようになりました。

　そこで、信託を活用し空き家を防止するために『空き家にさせない！「実家信託」』(注)と名付けて、相談から法務、登記、

税務を具体的に示した書籍の発行が急務と考え、出版に踏み切りました。

　この書籍は、信託を活用した空き家防止対策について、不動産に関わる専門家はもちろん一般の方も、契約書の作成や、公証役場での手続き、不動産の登記申請、税務まで、専門家のアドバイスを受けながら、がんばれば自力で一とおりできるよう細かく記載してあります。

　本書の出版にあたっては、税理士法人おおたか代表　公認会計士・税理士　成田一正先生の税務面についてご指導いただきました。さらに弁護士法人太田・小幡綜合法律事務所の弁護士小幡朋弘先生、弁護士京谷周先生、一般社団法人全国空き家相談士協会の専務理事名和泰典さんにもご協力いただきました。また、編集の金田雄一さん、日本法令の大澤有里さんには限られた時間の中で大変お世話になりました。皆様方に深い感謝を込めて御礼申し上げます。

　一軒でも多くの家を空き家にさせないために、事前に積極的な対策を講じることで、日本の社会がもっと素晴らしいものになると確信しています。

平成28年11月
杉谷範子

注　「実家信託」は司法書士法人ソレイユが商標登録出願中です。

空き家にさせない！「実家信託」 目次

はじめに ・・・ 1
略語（凡例）・・・ 10

空き家に関する巻頭特別インタビュー ・・・・・・・・・・・・・・ 11

一般社団法人全国空き家相談士協会に聞く！
空き家問題の現状と課題 ・・・・・・・・・・・・・・・・・・・・・・・・・・・・・・ 12

　語り手：一般社団法人全国空き家相談士協会 専務理事 名和泰典さん
　聞き手：司法書士法人ソレイユ 代表司法書士 杉谷範子

第1章　空き家の実態について ・・・・・・・・・・・・・・・・・・・・・ 17

1　あなたの実家は、空き家予備軍ではありませんか？ ・・・・・・・・ 18
2　親が住まなくなった実家は、賃貸や売却に
　　支障はないでしょうか？ ・・・・・・・・・・・・・・・・・・・・・・・・・・・・・ 18
3　実家が空き家になると困ること ・・・・・・・・・・・・・・・・・・・・・・・・ 21
　　1．火災や庭木、外観などの問題 ・・・・・・・・・・・・・・・・・・・・・・ 21
　　2．税金の問題 ・・・・・・・・・・・・・・・・・・・・・・・・・・・・・・・・・・・・・ 22
4　実家が空き家になってしまう要因 ・・・・・・・・・・・・・・・・・・・・・・ 23
　　1．認知症 ・・ 23
　　2．共　有 ・・ 24
　　3．相　続 ・・ 24
　　4．相続人全員の相続放棄 ・・・・・・・・・・・・・・・・・・・・・・・・・・・ 26
　　5．買い手がつかない ・・・・・・・・・・・・・・・・・・・・・・・・・・・・・・・ 27
　　6．実家を売りたくない ・・・・・・・・・・・・・・・・・・・・・・・・・・・・・ 27
5　空き家の現状 ・・・・・・・・・・・・・・・・・・・・・・・・・・・・・・・・・・・・・・ 28

1．現在の日本の空き家状況 ・・・・・・・・・・・・・・・・・・・・・・・・・・・・・・・・ 28
　　　2．高齢者のいる世帯は全体の4割、そのうち「単独」・「夫婦のみ」
　　　　世帯が過半数 ・・ 29
　　　3．子どもとの同居は減少している ・・・・・・・・・・・・・・・・・・・・・・・ 30
　　　4．一人暮らし高齢者が増加傾向 ・・・・・・・・・・・・・・・・・・・・・・・・・ 31
　　　5．空き家予備軍の増加 ・・・・・・・・・・・・・・・・・・・・・・・・・・・・・・・・・ 32
　6　政府の空き家対策 ・・ 33
　　　1．空家等対策の推進に関する特別措置法について ・・・・・・・・ 33
　　　2．空き家に係る譲渡所得の特別控除の特例（空き家特別控除）
　　　　について ・・ 36
　7　実家信託とは ・・ 40
　　　1．実家信託の基本 ・・・・・・・・・・・・・・・・・・・・・・・・・・・・・・・・・・・・・ 41
　8　信託行為（信託の設定方法）は三種類 ・・・・・・・・・・・・・・・・・・・ 42
　　　1．信託契約による方法 ・・・・・・・・・・・・・・・・・・・・・・・・・・・・・・・・ 43
　　　2．遺言による信託 ・・・・・・・・・・・・・・・・・・・・・・・・・・・・・・・・・・・・ 43
　　　3．信託宣言（自己信託） ・・・・・・・・・・・・・・・・・・・・・・・・・・・・・・ 44
　9　信託の法的構造 ・・ 45
　　　1．信託で所有権を分離できる ・・・・・・・・・・・・・・・・・・・・・・・・・・ 45
　　　2．委託者の明確な意思が必要 ・・・・・・・・・・・・・・・・・・・・・・・・・・ 46
　　　3．信託するには「目的」が必要 ・・・・・・・・・・・・・・・・・・・・・・・・ 47
　　　4．信託では「制限をかける」こともできる ・・・・・・・・・・・・・・ 48
　　　5．不法な目的の信託や脱法信託は無効 ・・・・・・・・・・・・・・・・・・ 49
　　　6．もっぱら受託者の利益になる信託は無効 ・・・・・・・・・・・・・・ 49
　　　7．受託者の分別管理義務 ・・・・・・・・・・・・・・・・・・・・・・・・・・・・・・ 50
　　　8．農地は信託だと農地法の許可がおりない ・・・・・・・・・・・・・・ 53
　　　9．信託の登場人物 ・・・・・・・・・・・・・・・・・・・・・・・・・・・・・・・・・・・・ 54
　10　信託の法務と登記 ・・・・・・・・・・・・・・・・・・・・・・・・・・・・・・・・・・・・・・・ 55

1．信託の効力の発生・・・・・・・・・・・・・・・・・・・・・・・・・・・・・・・・・・・55
　　2．信託の公示・・・55
　　3．受託者の分別管理義務としての登記・・・・・・・・・・・・・・・・・・・55
　　4．信託登記に特有な登記事項・・・・・・・・・・・・・・・・・・・・・・・・・・56
　　5．信託の登記の申請方法等・・・・・・・・・・・・・・・・・・・・・・・・・・・・57
　　6．信託の税務＜信託設定時、信託期間中の課税関係＞・・・・・・58
　　7．受託者が個人でも法人税が課せられてしまう信託・・・・・・・・59
　　8．実家信託での注意点・・・・・・・・・・・・・・・・・・・・・・・・・・・・・・・・60
　　9．登録免許税・不動産取得税等について・・・・・・・・・・・・・・・・・62

第2章　「実家信託」で実家を売却する！ 71

＜事例1＞実家に両親が暮らしている 岸本大介さん（仮名）の場合・・・・・・・・・・・・・・・・・・・・72

　【実家信託の基本事例】・・・・・・・・・・・・・・・・・・・・・・・・・・・・・・・・・72
1　実家信託を活用しなかった場合・・・・・・・・・・・・・・・・・・・・・・・・73
　　1．父博さんが何も対策を取らなかったら？・・・・・・・・・・・・・・・73
　　2．成年後見制度を使った場合・・・・・・・・・・・・・・・・・・・・・・・・・・74
2　実家信託の活用ポイント・・・・・・・・・・・・・・・・・・・・・・・・・・・・・・76
3　実家信託の手続きと解説・・・・・・・・・・・・・・・・・・・・・・・・・・・・・・77
　　1．実家の名義の確認・・・・・・・・・・・・・・・・・・・・・・・・・・・・・・・・・・77
　　2．博さんと大介さんとが実家信託契約を締結・・・・・・・・・・・・・78
　　3．委任および任意後見契約公正証書の作成、
　　　　実家信託契約書の宣誓認証・・・・・・・・・・・・・・・・・・・・・・・・・・90
　　4．所有権移転登記と信託登記を申請・・・・・・・・・・・・・・・・・・・・91
　　5．「信託口」の預金口座を開設・・・・・・・・・・・・・・・・・・・・・・・・・99
　　6．信託の変更・・・・・・・・・・・・・・・・・・・・・・・・・・・・・・・・・・・・・・100
　　7．実家信託設定時および信託期間中の税務の取扱い・・・・・・・103

8．父に相続が発生した場合の手続き ················106
　　9．実家を売却 ································113
　　10．売却代金は信託口座へ入金 ····················119
4　信託終了時の税務 ······························119
　　1．不動産信託の状態で信託が終了 ················119
　　2．第三者へ売却した後、信託が終了 ···············120
5　まとめ ······································121

第3章 「実家信託」で実家を建て替える！ ·········123

＜事例2＞親が賃貸不動産を持っている
　　　　　小川圭一さん（仮名）の場合 ··············124
　【建替えに関する事例】 ··························124
1　実家信託を活用しなかった場合 ·····················126
　　1．何も防御しなかったら？ ······················126
　　2．何もしなかった結果は？ ······················126
　　3．成年後見制度を使った場合 ····················126
2　実家信託を活用した場合のポイント ·················128
3　実家建替信託の手続きと解説 ······················129
　　1．実家の名義の確認 ···························129
　　2．株式会社クリークの会社目的と代表取締役を変更 ········130
　　3．敬子さんと株式会社クリークとで信託契約を締結 ········130
　　4．委任および任意後見契約公正証書の作成、
　　　　実家信託契約書の宣誓認証（もしくは公正証書で作成）··139
　　5．所有権移転登記と信託登記を申請 ···············139
　　6．「信託口」の預金口座を開設 ···················144
　　7．信託設定時の税務 ···························144
　　8．テナントとの契約変更 ························145

9．敬子さんが融資を受け、信託口座へ入金················145
　　　10．融資と同時に抵当権設定登記を申請··················146
　　　11．敬子さんの判断能力が減退した場合の対応············149
　　　12．建替工事の完成、建物の保存、信託の登記および
　　　　　抵当権追加設定登記申請····························149
4　実家信託後について··153
　　　1．店舗の賃貸が開始される····························153
　　　2．受託者の義務····································153
5　まとめ··156

第4章　「実家信託」で実家を貸す！················157

＜事例3＞親が遺言書を書いてくれない
　　　　　佐藤純生さん（仮名）の場合························158
　【相続による紛争の事例】··158
1　実家信託を活用しなかった場合··································159
　　　1．母今日子さんが何も対策を取らなかったら？············159
　　　2．何もしなかった結果は？····························159
　　　3．遺言代用信託とは································161
2　実家信託の活用ポイント··162
3　実家信託の手続きと解説··163
　　　1．実家の名義の確認································163
　　　2．今日子さんと純生さんとで信託契約を締結··············164
　　　3．委任および任意後見契約公正証書の作成、
　　　　　信託契約書の宣誓認証······························174
　　　4．所有権移転登記と信託登記を申請····················174
　　　5．「信託口」の預金口座を開設························180
　　　6．実家信託の税務の取扱い····························181

7．母今日子さんが死亡した場合 ････････････････････････ 182
　　　8．信託の目的にしたがって実家を貸す ････････････････ 188
　4　まとめ ･･･ 207

第5章　「実家信託」で実家を任意売却！ ･･････････････ 209

＜事例4＞相続放棄をしたい島本研二さん（仮名）の場合 ････････ 210
　　　【相続放棄の事例】 ･････････････････････････････････････ 210
　1　実家信託を活用しなかった場合 ･････････････････････････ 212
　　　1．相続放棄をしたらどうなるのか？ ････････････････････ 212
　2　実家信託の活用ポイント ･･･････････････････････････････ 218
　3　実家信託の手続きと解説 ･･･････････････････････････････ 219
　　　1．実家の名義の確認 ･･････････････････････････････････ 219
　　　2．達也さんと研二さんとで信託契約を締結 ･･････････････ 220
　　　3．委任および任意後見契約公正証書の作成、
　　　　　信託契約書の宣誓認証 ･････････････････････････････ 227
　　　4．所有権移転登記と信託登記を申請 ････････････････････ 227
　　　5．金銭を分別管理 ････････････････････････････････････ 232
　　　6．実家信託設定時および信託期間中の税務 ･･････････････ 233
　　　7．父達也さんが死亡した場合の対応 ････････････････････ 234
　　　8．相続放棄、実家の任意売却を進める ･･････････････････ 240
　4　信託終了時の税務 ･････････････････････････････････････ 248
　　　1．第三者へ売却して信託が終了 ････････････････････････ 248
　5　まとめ ･･･ 248

　　　おわりに ･･･ 251

略語（凡例）

本文中に引用している法令等については、次の略称を使用しています。

信法	→	信託法
登法	→	登録免許税法
不登法	→	不動産登記法
不登規	→	不動産登記規則
印法	→	印紙税法
空家法	→	空家等対策の推進に関する特別措置法
空き家特例	→	空き家に係る譲渡所得の特別控除の特例（空き家特別控除）
所法	→	所得税法
所規	→	所得税法施行規則
所令	→	所得税法施行令
相法	→	相続税法
相規	→	相続税法施行規則
措法	→	租税特別措置法
措令	→	租税特別措置法施行令
措通	→	租税特別措置法関連通達
地法	→	地方税法

空き家に関する
巻頭特別インタビュー

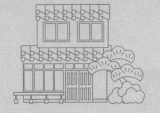

一般社団法人全国空き家相談士協会に聞く！
空き家問題の現状と課題

語り手　一般社団法人全国空き家相談士協会
　　　　専務理事　名和泰典さん
聞き手　司法書士法人ソレイユ　代表司法書士　杉谷範子

杉谷：平成27年2月に一般社団法人全国空き家相談士協会を立ち上げられました。その後、空き家相談士認定講座を開設なさって、平成28年度も東京、大阪、名古屋、山形の全国4ヵ所で空き家相談士認定セミナーを開催予定されて、精力的な活動をしていらっしゃいますが、空き家相談士への思いを語っていただけますでしょうか？

名和：平成27年に「空家等対策の推進に関する特別措置法」が施行されました。私達は「空家法」と言っていますが、この空家法をきっかけとして、活動をしていきたいと志ある専門家が集って空き家相談士協会を結成しました。私は不動産コンサルティング業を営んでいますが、空き家を語るには、不動産だけを見ていたらいけないのです。空き家問題は、「ヒト」と「不動産」の問題であって、「ヒト」の要素がとても大きい。人は病気になる前に予防をするのと同じで空き家も事前に対策をとっていかなくてはならないのです。空き家問題は人のライフスタイルの問題でもあるのです。

杉谷：おっしゃるとおりです。不動産だけで存在するのではなく、そこには人が権利を持って住んでいるわけですからね。そして、

空き家は予防が大事というご意見、私も深く同感します。空き家にしないように事前に対策を施すことがとても重要だと思ったからこそ、信託の必要性を世の中の皆さんに知っていただきたいと思ったのです。ところで、空き家とライフスタイルとの関連性は具体的にはどのようなものですか？

名和：私は岐阜で暮らしていますが、岐阜には空き家になりそうな家がたくさんあります。一方、日本全体では少子化で、人口は減っているのに、新築の建物はドンドン増えています。若い人が無理して高額の住宅ローンを組んで、新築の建物を建てているのですよ。住宅にかけるお金の割合が高すぎると思います。品質の高い中古住宅を流通させることで、住宅にかけるお金の割合を下げて、もっと生活にゆとりを持たせることができると考えます。空き家の活用というのは、単に不動産だけの利用にとどまらず、その住居が存在している環境、つまり住環境と一緒にセットで考えることが大切なんですね。地方にこのような空き家があるよ、という不動産だけの紹介では誰も見向きもしません。美味しい空気や水、食べ物、素晴らしい自然や親切な人々、子育てしやすい暮らしなど、その地方が提供できる魅力的なポイントも一緒にアピールしていくべきなんです。その視点から見ると、岐阜などはとても魅力がありますよ。

杉谷：私も北陸の福井県出身なので、地方の素晴らしさは実感しています。空き家というマイナス概念ではなく、若い人が地方に住むきっかけになってくれれば良いですね。空き家相談士について、教えてくださいますか？

名和：平成27年9月には第1回の空き家相談士認定講座を開催しました。講座は2日間で計13時間のカリキュラムを組んでいます。講義内容は、総論から始まり、法律、登記、税務、建築、空き

家の相談、空き家の管理・コンサルティング、空き家の利活用、認定試験とかなり幅広く学べるようになっています。この講座から約300名（平成28年8月現在）の空き家相談士が誕生しています。

杉谷：名和さん達が作成されたテキストは230ページからできていて、かなり内容が濃いものになっていますね。

名和：空き家相談士の組成は、不動産業者だけでなく、行政、介護、金融、建設、電力など実に様々な業種の方にご参加いただいています。不動産業者が空き家に携わると、どうしても更地にして売ってしまいましょうという話になってしまうのですが、それではいけないのです。更地にして売るだけではなく、空き家を適切に管理しながら使えるものは使っていこう、そのような流れを作っていきたいと思っています。

杉谷：空き家を壊すことなく、流通できる環境が必要ですね。もっと簡単に家屋を貸すことができれば、小さいお子さんをかかえたファミリーは広い一戸建てに住めますし、今まで一戸建てに暮らしていた高齢の方は車に乗らなくても便利な都市部に住めると思うのですが、やはり、借地借家法がネックになってくると思うのです。

名和：そうですね。従来からの借家契約では、正当な事由がない限り家主からの更新拒絶はできないこととなっていました。しかし、平成12年3月1日からは定期借家契約を結ぶことができるようになりました。この定期借家契約では、契約で定めた期間の満了により、更新されることなく確定的に借家契約が終了します。もちろん再契約は合意により可能ですが、借家を貸したら最後、戻してもらえないという心配はないですね。

杉谷：借地借家法では、賃借人が保護され過ぎているため、住宅を賃

空き家に関する巻頭特別インタビュー

貸しようと思っていても二の足を踏まれるでしょうから、実家信託と定期借家契約で、家屋の有効利用が図れることになりますね。本書でも国土交通省のHPにまとめたものを詳しくご紹介しています。

：それから平成18年に施行された「住生活基本法」はご存知ですか？

：知りませんでした。ウィキペディアで「住生活基本法」で調べてみました。まさに、名和さんがおっしゃった「ライフスタイル」との関わりが重要なんだと思いました。

> 今までのように新しい建物を「作っては壊す」住政策には問題が多い。たとえば環境への負荷。建築廃材の約2割は住宅関連といわれている。実際、住宅の平均寿命は英国75年、米国44年に対し、日本は30年と極端に短い。また、現状では新築住宅を購入するためには、勤続期間の大半をかけて返済するような長期間のローンを組まなければならないのが一般的だが、これを他の消費に回せるようになれば、国民生活がより充実したものになるだろうという狙いもある。
>
> しかしながら、現状では中古不動産に対して資産価値を保証するような統一基準がなく、またプロであっても建物の内部構造や過去に行われたメンテナンスの状況などは判断が難しいため、買い手にとっては購入のリスクが大きく、それが中古住宅市場の流通規模を縮小させる原因となっている。そこで「住生活基本法」に基づいて法整備を進め、国が住宅の長寿化と中古市場の活性化を促進することになった。（Wikipediaから）

10年前から国は中古市場の充実を唱えてきていますが、あまり進んでいないからこそ、空き家問題が解決できていないのでしょう。

名和：個人だけで解決を図ろうとすると、なかなか難しいところです。空家法3条では、「空家等の所有者又は管理者は、周辺の生活環境に悪影響を及ぼさないよう、空家等の適切な管理に努めるものとする」と規定して個人の責任を明記していますが、空き家問題は地域の問題として、地域の中でやらなくてはならないのです。私は羽島市の空家対策等推進協議会の委員長をしているのですが、空き家の解決に向けて、岐阜県全体で空き家の情報が全国に発信できるようにして、若い人を呼び寄せて地域活性に役立たせたい、行政と一緒に盛り上げていきたい、実績を作って他の行政にも広げていきたいと思っています。まだ、空き家にはなっていないけれど、将来空き家になる可能性のある住宅がたくさんあります。これから、ますます、空き家対策の必要性が増してきます。

杉谷：名和さんのお話を伺うと、いたるところから郷土愛がしみ出て、熱い想いを感じます。私も実家信託を普及させることで、中古市場の活性化、空き家対策にお役に立てればと願っています。本日はありがとうございました。

名和　泰典さん　（一社）全国空き家相談士協会専務理事
工学院大学建築学科卒業後ゼネコン勤務を経て、建築・不動産知識を生かしたコンサルティングを展開。(有) 名和企画事務所・相続コンサルティング㈱・NPO法人岐阜空き家・相続共生ネット代表、岐阜県空家等総合相談員、羽島市空家等推進協議会委員長、（一社）全国不動産コンサルティング協会専務理事等、多数の要職を兼務する。

空き家の実態について

❶ あなたの実家は、空き家予備軍ではありませんか？

もしあなたが独立して、実家は親だけの世帯の場合、将来、実家が空き家になる可能性を考えたことはありますか？　本書では、将来空き家になる不動産を「空き家予備軍」と名付けて、その防止策を信託の活用によって検討していきます。

あなたの実家が空き家予備軍である可能性は、実はとても高いのです。

本書を読む前に、次ページのチャートから、空き家予備軍かどうか、判断してみてください。

❷ 親が住まなくなった実家は、賃貸や売却に支障はないでしょうか？

実家は基本的に、親の名義であることが多いと思います。親が元気な間は実家にまつわる問題は起きないか、起きても解決のプロセスに進むことができます。しかし、不動産の名義人である親が認知症になると、意思表示ができなくなってしまうので、そのままでは実家を賃貸したり、売却することは不可能になってしまいます。親の死亡後においても、相続人間で揉めたりすると、こちらも同様に何もできません。

実家の名義が誰の名義なのか、早めに調べておく必要があります。たとえば、すでに亡くなっている祖父の土地に父親名義の実家が建っていたり、建物に認知症の祖父母の名義が入っているかもしれません。土地や建物の名義人が親のみではなく、別の人の名義が入っているのであれば、その方の持分の大小にかかわらず、認知症や相続が大きく影響して、

第1章　空き家の実態について

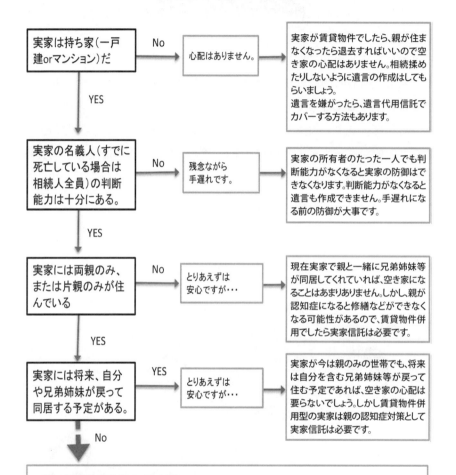

実家全体が貸せなくなったり、売れなくなったりします。このように不動産に複数の人の名義が入っている「共有」ですと、その中のたった一人が認知症だったり、相続で揉めたりすると不動産全体が凍結してしまいます。

　早めに賃貸や売却に向けて予防しておけば、貸したり、売ったりできた実家も、所有者の認知症や相続などの原因で凍結してしまい、時期を逸すると空き家になってしまう可能性は大きいです。解決する以前の段階、言わば、「入り口でストップ」してしまう状況に陥ります。どのような落とし穴に陥って「入り口でストップ」してしまうかは後ほど、具体例を列挙しながら説明します。怖いことですが、知っているのと知らないのとでは大きな違いが生じてきます。

実家が空き家になると困ること

1 火災や庭木、外観などの問題

　実家が空き家になるとまず、一番に心配なのは火災の発生です。実家の火災のみならず、近隣への延焼によって多大な迷惑をかけてしまうことになります。火災の心配だけでなく、一戸建てですと庭木が茂り、害虫や害獣の発生も考えられます。庭木が道路や近隣にも広がって境界線を越えると、切除しなくてはなりません。

　実家は永年、親が暮らしてきているので、ご近所の方々に心配や迷惑をかけたくないと思うのは当然のことでしょう。売ろうと思えば売れるはずの実家が、多くの要因により売れなくなってしまう可能性が高まります。中長期の空き家状態では、湿気により劣化して老朽化が進行し、倒壊の危険性も出てきます。それら空き家が地域に蓄積されるとその総数が増え、地域全体の空き家率も上がってしまいます。空き家の敷地が荒れて建物の劣化が激しくなるため見栄えが悪く、空き家の多い地域はその地域全体の環境価値が低下し、不動産価格が下落し、治安の悪化にもつながります。

　注意すべきは、親が住んでいるから空き家にはならないとは限らないということです。現在空き家でなくても、まったく手当を講じないまま、親に認知症や病気、事故、相続による紛争などが起こってしまえばもう手遅れです。もし、対策を施さなければ、ご自分が生まれ育った実家とその地域が劣化していく姿を、ご近所からの非難をあびながら指をくわえて見ているしかありません。数年、数十年経っても手がつけられないなどという可能性も少なくはないのです。

2　税金の問題

　親に認知症や病気、事故などの変化が起こって実家が凍結してしまうと、その間に税金が跳ね上がったり、使えるはずだった特別控除の特例が使えなくなったりなど、税金を多く払わねばならなくなります。

（1）　固定資産税、都市計画税

　平成27年の空家対策の推進に関する特別措置法の施行により（33ページ参照）、空き家の状態が続き損傷が激しくなった「特定空家等」になると、固定資産税等の住宅用地の特例が除外されることで、固定資産税が6倍に、都市計画税が3倍になる可能性があります。

（2）　居住用財産の特別控除

　親が使えるはずの、「居住用財産を譲渡した場合の3,000万円の特別控除の特例」（以下、「居住用財産の特別控除」といいます）の制度も使えない可能性が出てきます。この制度は、マイホーム（居住用財産）を売ったときに所有期間の長短に関係なく譲渡所得から最高3,000万円まで控除できる特例ですが、この特例も「以前に住んでいた家屋や敷地等の場合には、住まなくなった日から3年目の年の12月31日までに売ること」というタイムリミットがあります。

（3）　空き家特例

　親の相続後においては、「空き家特別控除」を使えるかどうかです。平成28年度税制改正で、被相続人の居住の用に供していた家屋を相続した相続人が譲渡益から3,000万円を控除することができるようになりました。ただし、多くの要件（36ページ参照）を満たさなければなりませんし、相続時から3年を経過する日の属する年の12月31日までの譲渡と

第1章　空き家の実態について

いうタイムリミットが付いています。

 **実家が空き家に
なってしまう要因**

　実家が空き家になってしまう要因は、大きく分類すると次の6つが考えられます。これらは単独で要因として存在する場合もありますし、複合的な要因となる場合もあります。

　それは、1．認知症、2．共有、3．相続、4．相続放棄、5．買い手がつかない、6．実家を売りたくない、以上の6点です。

　しかし、これから説明する「実家信託」の導入で大部分をカバーできるのではないかと思います。

　不動産はタイミングが大事です。買主や借主が現れたときにすぐに対応できる体制を築いておかなければ、買主や借主は離れてしまうでしょう。上記の要因の中で1〜4については実家信託によって、すぐに売ったり、貸したりできる体制を整えておくことができます。

1　認知症

　認知症という言葉に毎日、どこかで1回以上は出くわすと思いますが、厚生労働省のHPでは以下のように認知症を定義しています。

> 「認知症」とは、いろいろな原因で脳の細胞が死んでしまったり、働きが悪くなったためにさまざまな障害が起こり、生活するうえで支障が出ている状態（およそ6ヵ月以上継続）を指します。

　認知症には、アルツハイマー病などのようにゆっくりと進行するものと、脳梗塞などのように急激に起こるものの2種類が考えられます。さらに、原因として挙げられるのが、転倒事故によるものです。転倒事故

による直接的な脳のダメージもありますが、骨折等で入院してしまうと、日常生活での刺激がなくなったり、投薬等によって認知症に進む可能性が高くなります。

病気や転倒によるケガなどで手術などの手当てが必要な場合も、薬などの副作用で認知症が進んでしまったという話もよく聞きます。

内閣府の「平成17年度高齢者の住宅と生活環境に関する意識調査」によると、自宅内での転倒事故を1年間のうちに起こしたことのある高齢者は年齢が高いほど割合が高く、「85歳以上」では4人に1人の割合となっています。1年間だけで、85歳以上の高齢者の4分の1が転倒する……この割合は極めて高い数値であると言えます。事故による認知症の可能性も十分に想定する必要があるでしょう。

2 共　有

不動産が共有名義になると、売却するときには必ず共有者全員の合意が必要になります。また、貸すときは、少なくとも、共有者の過半数の同意が求められます。

ところであなたの実家の名義はどなたの名義でしょうか？　土地や建物の名義人が親のみではなく、親戚など別の人の名義が一部でも入っているのであれば、その一部の所有者が大きく影響して、実家全体が貸せなくなったり、売れなくなったりします。つまり、共有不動産ですと、共有者の仲が悪くなったり、認知症だったり、海外在住や行方不明になったり等、なんらかの理由で共有者全員の合意が得られないと不動産全体が凍結してしまうことになります。

3 相　続

実家の名義人に相続が発生した場合、相続人が実家に住めば空き家になることはありませんが、相続人の自宅が実家以外の持ち家だった場合、

多くのケースでは実家に住む人はいなくなります。相続によって空き家になる原因は共有の原因とも重複しますが、大きく3つに分けることができます。

1つ目は相続人の気持ちに「踏ん切りがつかない」ということです。

亡くなった親の遺品はもちろん、相続人にとって自分の実家は思い出の詰まった宝箱のようなものなので、貸したり売ったりすることをためらう人は少なくないと思います。とりあえず様子を見ようと言っているうちに、みるみるうちに住めない状態になってしまいます。

2つ目は、相続人が複数の場合に紛争が生じてしまい、円滑な意思疎通が図れなくなることです。

相続人全員が売ることや貸すことに合意すれば、問題ないのですが、相続人同士が話し合いもできない状況ですと合意が成立せず、不動産は共有になります。遺言や死因贈与契約があった場合には、相続人もしくは受遺者の判断で不動産の処分などができますが、遺留分減殺請求があると、こちらも不動産が受遺者と遺留分減殺請求者との共有になってしまいます。相続の紛争は親族間での感情のもつれが絡みますので、解決に時間がかかり、その結果、実家は空き家の状態が継続することになります。相続による共有が問題となるわけです。

3つ目は相続人に認知症の方や行方不明者など、意思表示ができない人がいる場合です。

相続人がひとりの場合は、意思表示ができないと資産が凍結するのは当然ですが、相続人が複数の場合でも、遺言書や死因贈与契約書がなければ相続人全員の共有不動産になってしまうので、ひとりでも意思表示できないと不動産全体が凍結してしまいます。認知症の方の場合には裁判所に成年後見人を選任してもらう必要がありますし、行方不明者の場合にも裁判所に不在者の財産管理人を選任してもらわなくてはなりません。

なお、成年後見人や相続財産管理人が実家を売却する際には裁判所の許可が必要ですが、その際には事前に売買契約書案を裁判所に提出しなくてはなりません。つまり、買主と売買金額をあらかじめ定めたうえで裁判所の許可をもらうことになるのですが、そうなると、迅速な不動産の売買を阻害することになり、査定額は下るでしょう。買主がなかなか現れないか、現れても、手続きに時間がかかっている間に不動産価値が下がってしまい売買に至らないこともあるようです。

4 相続人全員の相続放棄

相続放棄も相続のカテゴリーに入るのですが、あえて、ここでは独立させました。なぜなら、通常の相続による問題よりも複雑で費用と時間がかかってしまうからです。相続放棄は相続人各自ができますが、債務超過などで相続人が相続放棄をすると相続権が次の順位の人に移ります。たとえば、父と母と子1人の家族で、父が借金をたくさん抱えて亡くなった場合、母と子が相続放棄すると、父の両親へ相続権が移ります。父の両親がすでに亡くなっていた場合には父の兄弟姉妹に相続権が移ります。このように順々に相続権が移転していくので、それらの人々が順繰りに相続放棄をするか否かの選択をすることになりますから、第一段階で時間がかかります。

相続人全員が相続放棄を選択して、相続人のあることが明らかではない状態になった場合、不動産の所有者が確定できません。そこで、不動産を売却するには、裁判所に「相続財産管理人」を選任してもらう手続きが必要になります。その相続財産管理人が実家の売却を行いますが、この一連の手続きには多くの費用と時間がかかります。実家が長期間に渡り空き家になる確率は、ほぼ100％といえるでしょう。

5 買い手がつかない

　実家の名義が調って、いつでも売れる体制にしても、少子高齢社会であることと都市に人口が集中していること、実家のある地域が疲弊していることなどにより、不動産価値が下落し実家の買主が見つからず、売ろうと思っても売れない実家が多数存在しています。巻頭のインタビューでも触れていますが、その地域の魅力を高めて、その魅力を広く社会に知らしめる必要があります。

6 実家を売りたくない

　実家に居住していた親が高齢になって介護施設のお世話になるために実家から転居することになっても、大量の家財道具や荷物が捨てられず、実家を倉庫代わりにしておいたり、永年暮らしてきた実家に対する愛着が深いことなどによって、親や子ども自身が実家を売ることに消極的な場合も見受けられます。

　また、実家を賃貸すると、借地借家法により賃借人に立ち退きをお願いする際には高額な立退料を払わなくてはならないのも実家の賃貸を躊躇する原因です。

　ご本人の気持ちを尊重することが第一ですが、売却や賃貸に出そうと思ったときに、まったく準備していないと実家は凍結することになります。事前の準備はこのような場合にも必要と思います。

5 空き家の現状

1 現在の日本の空き家状況

　総務省統計局では、5年ごとに、我が国の住宅とそこに居住する世帯の居住状況、世帯の保有する土地等の実態を把握し、その現状と推移を明らかにする調査を行っています。

　平成27年2月26日に公表した集計結果によると、平成25年10月1日現在における我が国の総住宅数は6,063万戸、5年前と比較すると304万戸の増加で、増加率は5.3％となりました。平成10年からの15年間では**総住宅数が1,000万戸以上増加**している状況です。

　結婚を機に、また、シングルでも子どもが親から独立すると、家を建てるかマンションを購入して親とは別居する選択をする子どもが多いため、少子化といえども、当然、住宅数は増えていくことになります。また、日本の国民は新築建物好きとされており、そのニーズは高いため、経済的に可能であれば、中古の一戸建てを購入するよりも新築建物を建てたいと思う人は多いと思われます。

　一方、住宅のうち空き家についてみると、空き家の数は、調査の度に増加し、平成5年に448万戸だったところ、平成25年では820万戸と、この20年間で1.8倍になり、また、空き家率でみると、平成25年には13.5％と空き家数、空き家率共に過去最高となりました。

　子どもたちが独立して、各自が家を建てたり、共同住宅を購入するなどして、親と別居していたところ、親が高齢となって夫婦もしくは一人で暮らすことができなくなり、子どもが親を呼び寄せたり、介護施設に入居させたりすることで、親がこれまで暮らしていた自宅が空き家に

◆空き家数および空き家率の推移

全国（昭和38年～平成25年）

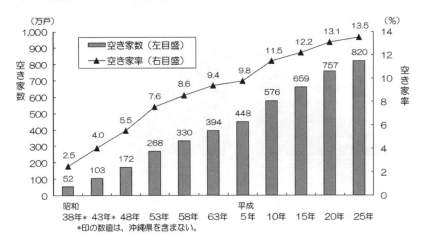

（総務省統計局「平成25年住宅・土地統計調査結果」より引用）

なってしまいます。昭和22年から昭和24年の第一次ベビーブームのときに生まれた団塊の世代は、もうすぐ70代を迎えようとしており、空き家は今後も加速度的に増加していくことが容易に想像できます。

2 高齢者のいる世帯は全体の4割、そのうち「単独」・「夫婦のみ」世帯が過半数

　内閣府平成27年版高齢社会白書「高齢者の家族と世帯」によると、65歳以上の高齢者のいる世帯は全世帯（5,011万）の44.7％を占めています。

　さらに世帯構造別の構成割合でみると、3世代世帯は減少傾向にある一方、親と未婚の子のみの世帯、夫婦のみの世帯、単独世帯は増加傾向にあります。平成25（2013）年では夫婦のみの世帯が一番多く約3割を占めており、単独世帯と合わせると半数を超える状況です。

◆我が国の人口ピラミッド　　　　　　　　　　（平成26年10月1日現在）

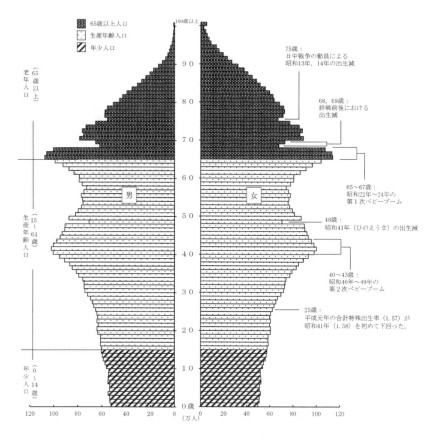

（総務省統計局「人口推計の結果の要約」より引用）

3　子どもとの同居は減少している

　65歳以上の高齢者について子どもとの同居率をみると、昭和55（1980）年にほぼ7割であったものが、平成11（1999）年に50％を割り、25（2012）年には40.0％となっており、子どもとの同居の割合は大幅に減少しています。一人暮らしまたは夫婦のみの世帯については、とも

◆65歳以上の者のいる世帯数および構成割合（世帯構造別）と
全世帯に占める65歳以上の者がいる世帯の割合

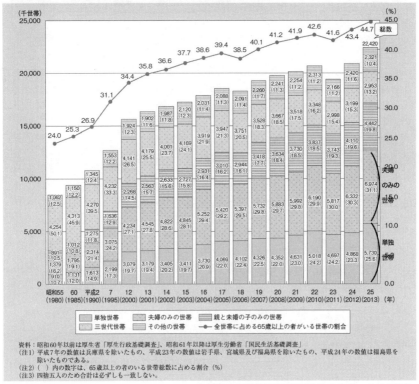

（内閣府「平成27年版高齢社会白書」より引用）

に大幅に増加しており、昭和55（1980）年には合わせて3割弱でしたが、平成16（2004）年には過半数となり、平成25（2013）年には56.2％まで増加しています。

4 一人暮らし高齢者が増加傾向

65歳以上の一人暮らし高齢者は、平成22（2010）年には男性約139万人、女性約341万人、高齢者人口に占める割合は男性11.1％、女性

◆一人暮らしの高齢者の動向

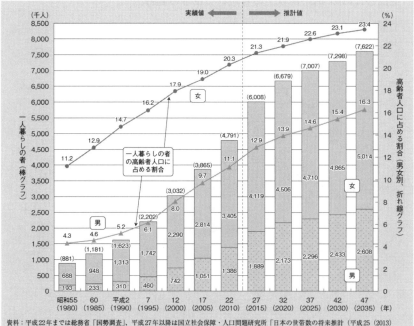

(内閣府「平成27年版高齢社会白書」より引用)

20.3％となっています。高齢者の男性の10人に1人、女性の5人に1人が一人暮らしをしていることがわかります。

5 空き家予備軍の増加

　前記、政府の調査結果からも明らかなことは、総住宅数も増加していますが、65歳以上の高齢者の単独世帯もしくは夫婦世帯も増加しており、将来、空き家になる可能性の不動産もそれに伴って増加しているのです。

第1章　空き家の実態について

◆家族形態別にみた高齢者の割合

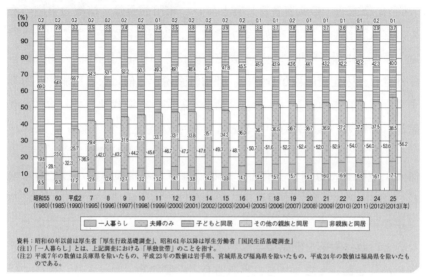

資料：昭和60年以前は厚生省「厚生行政基礎調査」、昭和61年以降は厚生労働省「国民生活基礎調査」
(注1)「一人暮らし」とは、上記調査における「単独世帯」のことを指す。
(注2) 平成7年の数値は兵庫県を除いたもの、平成23年の数値は岩手県、宮城県及び福島県を除いたもの、平成24年の数値は福島県を除いたものである。

（内閣府「平成27年版高齢社会白書」より引用）

6 政府の空き家対策

1　空家等対策の推進に関する特別措置法について

　平成26年11月に、「空家等対策の推進に関する特別措置法」（以下「空家法」という）が成立しました。

　空家法では空き家を、「空家等」と「特定空家等」の2種類に区別しており、「空家等」の中で、損傷が激しくなった空き家を「特定空家等」としています。それらの扱いの違いは次のとおりです。

　「空家等」においては、市町村は「空家等」の所在や所有者の調査・

固定資産税情報の内部利用等ができるようになりました（空家法9条、10条）。

　「特定空家等」の所有者等に対しては、市町村長は、措置の実施のための立入調査や、指導、勧告ができます。改善勧告があると、当該「特定空家等」に係る敷地について固定資産税等の住宅用地特例の対象から除外され、**固定資産税が6倍**に、**都市計画税が3倍**になる可能性があります。また、市町村長は、勧告、命令を経て、行政代執行の方法により除却、修繕等の強制執行が可能となります（空家法14条、15条）。

　しかし、空家法は対症療法的な政策であり、行政は空き家が「著しく保安上危険または衛生上有害、もしくは著しく景観を損なっている状態」に該当して「特定空家等」にならなければ、除却、修繕等の対応ができないという大きな欠点があります。つまり、かなり酷い状態に至らないと行政は対応を開始できないということです。また、関係者が空き家を処分したいと思っても、当該所有者が認知症になったり、相続で揉めたりした場合には、処分が困難になってきます。現在、居住している

「空家等」の定義
　建築物またはこれに附属する工作物であって居住その他の使用がなされていないことが常態であるものおよびその敷地（立木その他の土地に定着する物を含む）をいう。ただし、国または地方公共団体が所有し、または管理するものを除く（空家法2条1項）。

「特定空家等」の定義
　そのまま放置すれば倒壊等著しく保安上危険となるおそれのある状態または著しく衛生上有害となるおそれのある状態、適切な管理が行われていないことにより著しく景観を損なっている状態その他周辺の生活環境の保全を図るために放置することが不適切である状態にあると認められる空家等をいう（空家法2条2項）。

第1章　空き家の実態について

◆空家等対策の推進に関する特別措置法の概要

空家等対策の推進に関する特別措置法（平成26年法律第127号）の概要

公布日：平成26年11月27日

背　景

適切な管理が行われていない空家等が防災、衛生、景観等の地域住民の生活環境に深刻な影響を及ぼしており、地域住民の生命・身体・財産の保護、生活環境の保全、空家等の活用のため対応が必要（1条）
参考：現在、空家は全国約820万戸（平成25年）、401の自治体が空家条例を制定（平成26年10月）

定　義

○　「空家等」とは、建築物又はこれに附属する工作物であって居住その他の使用がなされていないことが常態であるもの及びその敷地（立木その他の土地に定着する物を含む。）をいう。ただし、国又は地方公共団体が所有し、又は管理するものを除く。(2条1項)

○　「特定空家等」とは、
① 倒壊等著しく保安上危険となるおそれのある状態
② 著しく衛生上有害となるおそれのある状態
③ 適切な管理が行われないことにより著しく景観を損なっている状態
④ その他周辺の生活環境の保全を図るために放置することが不適切である状態
にある空家等をいう。(2条2項)

空家等
・市町村による空家等対策計画の策定
・空家等の所在や所有者の調査
・固定資産税情報の内部利用等
・データベースの整備等
・適切な管理の促進、有効活用

特定空家等
・措置の実施のための立入調査
・指導→勧告→命令→代執行の措置

施策の概要

国による基本指針の策定・市町村による計画の策定等
○　国土交通大臣及び総務大臣は、空家等に関する施策の基本指針を策定（5条）
○　市町村は、国の基本指針に即した、空家等対策計画を策定（6条）・協議会を設置（7条）
○　都道府県は、市町村に対して技術的な助言、市町村相互間の連絡調整等必要な援助（8条）

空家等についての情報収集
○　市町村長は、
・法律で規定する限度において、空家等への調査（9条）
・空家等の所有者等を把握するために固定資産税情報の内部利用（10条）　等が可能
○　市町村は、空家等に関するデータベースの整備等を行うよう努力（11条）

空家等及びその跡地の活用
市町村による空家等及びその跡地に関する情報の提供その他これらの活用のための対策の実施(13条)

特定空家等に対する措置（※）
特定空家等に対しては、除却、修繕、立木竹の伐採等の措置の助言又は指導、勧告、命令が可能。
さらに、要件が明確化された行政代執行の方法により強制執行が可能。(14条)

財政上の措置及び税制上の措置等
市町村が行う空家等対策の円滑な実施のために、国及び地方公共団体による空家等に関する施策の実施に要する費用に対する補助、地方交付税制度の拡充を行う（15条1項）。
このほか、今後必要な税制上の措置等を行う（15条2項）。

施行日：平成27年2月26日（※関連の規定は平成27年5月26日）

（国土交通省ＨＰ「空家等対策の推進に関する特別措置法の概要」より引用）

所有者が元気で健康なうちに、十分な対策を事前に講じること、つまり所有者の判断能力があるときに実家信託を導入することで、空き家を予防することは可能であり、資産の凍結防止、保全、活用に資すると考えます。

2 空き家に係る譲渡所得の特別控除の特例（空き家特別控除）について（税金対策：措法35条3〜6項）

空家特別控除は、空き家を売却したときにはその家屋または土地の譲渡益から3,000万円が控除できる制度です。相続前後をきちんと理解していくつかの要件をクリアしないと適用になりませんので、留意を要します。実家が空き家になりそうなとき、また、空き家になりご両親が亡くなって遺産を分割するようなときは、事前に税理士さんに相談されることをおすすめします。

＜対象者＞
相続または遺贈（死因贈与を含む）による被相続人居住用家屋およびその敷地等の取得をした個人。相続人は該当、相続人でない者でも包括受遺者である個人は該当します。

＜対象期間＞
相続開始日以後3年を経過する日の属する年の12月31日までの譲渡、かつ、平成28年4月1日から平成31年12月31日までに譲渡したものであること。

特別控除の対象となる期間がたいへんわかりにくくなっています。空き家を売却する時期については十分に配慮が必要となります。

＜相続開始直前の家屋＞
相続開始直前において被相続人の居住の用に供されていた家屋であること。この点、老人ホームに入居するなどして空き家となった場合には、相続開始直前に被相続人が居住していた家屋には該当しなくな

るため、この特例の適用は認められません（財務省「平成28年改正税法のすべて」より引用）。一方、小規模宅地の特例は老人ホームへの入居等は適用されるので(措令40条の2)、違いを理解しておかねばなりません。

なお、相続開始前においては、老人ホームへの入居から一定期間内にその居住用家屋を親族等以外の者に譲渡すれば、通常どおり居住用財産での譲渡所得の3,000万円控除の適用を受けることは可能です（措法35条1項）。空家特別控除は、相続開始後に使える制度なので、相続発生の前後をきちんと理解してください。

＜同居者なし＞

相続開始直前において、被相続人以外の者が居住していてはいけません（措通35-12）。被相続人の親族、また他の人に一部でも賃貸をしている場合でも該当しません。

＜家屋要件＞

昭和56年5月31日以前に建築された古い建物でなくては対象になりませんし、マンション等（建物の区分所有等に関する法律第1条の規定に該当する建物）も該当しません。

＜譲渡までの期間＞

死亡後譲渡するまで空き家（または空き地）の未使用状態であることが必要です。譲渡するまではほかの使用をしていないこと（措通35-16）。他の用途に一部でも利用してしまうと、この特例の適用はありません。

＜譲渡金額1億円以下＞

譲渡金額が合計で1億円以下である必要があります。被相続人居住用家屋と一体としてその被相続人の居住の用に供されていた家屋または土地等（対象譲渡資産一体家屋等）の譲渡時における対価の額との合計額が1億円を超える場合には、この特例は適用されません。

＜家屋の取り壊し＞

家屋を取り壊して敷地のみの譲渡とするならよいですが、家屋も譲渡

するのであれば耐震リフォームが必要となります。すなわち、耐震証明書の付いた家屋と敷地の譲渡しか対象になりません。

<共同譲渡>

相続により兄弟等が空き家を共有で取得することも考えられます。その後に共同で譲渡したケースでは、共有者1人につき3,000万円の控除

◆空き家の発生を抑制するための特例措置について

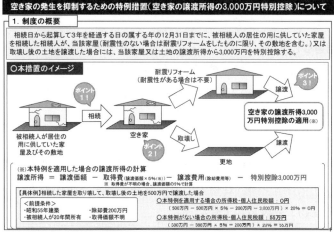

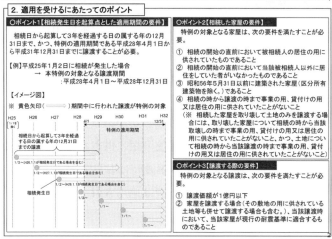

（国土交通省HP「空き家の発生を抑制するための特例措置」より引用）

が受けられます（措通35-7）。相続人が共同で相続して売却をしたほうが有利なことがあります。

「平成28年度税制改正」で注目を集めた改正が、「空き家に係る譲渡所得の特別控除の特例」（以下「空き家特例」といいます）です。

空き家の発生を抑制し、地域住民の生活環境への悪影響を未然に防ぐ観点から、被相続人の居住の用に供していた家屋を相続した相続人が、平成28年4月1日から平成31年12月31日までの間に、その家屋（その敷地を含みます。また、その家屋に耐震性がない場合は耐震リフォームをしたものに限ります。）又は除却後の土地の譲渡（相続時から3年を経過する日の属する年の12月31日までの譲渡に限ります。）をした場合には、その家屋又は除却後の土地の譲渡益から3,000万円を控除することができるようになりました。ただし、下記の適用要件をはじめとした、多くの要件を満たさなければなりません。

① 相続した家屋は、昭和56年5月31日以前に建築された家屋（マンション等を除きます。）であって相続発生時に被相続人以外に居住者がいなかったこと。
② 譲渡をした家屋又は土地は、相続時から譲渡時点まで居住、貸付け、事業の用に供されていたことがないこと。
③ 譲渡価額が1億円を超えないこと。

（財務省「平成28年度税制改正パンフレット」より引用）

空き家特例を使えるのは築年数がかなり経過した一戸建てで、建物は耐震リフォームが施されなくてはなりません。また、マンションなどの共同住宅は対象外ですし、住宅を撤去した土地と限定されています。さらに、親しか住んでいなかった一戸建ての実家が、親の相続により空き

家になってしまい、その後も継続して空き家になっている場合等、空き家特例が使えるケースは相当限定されていると考えてよいでしょう。相続時から3年を経過する日の属する年の12月31日までの譲渡というタイムリミットもあります。

　こうしたことから、空き家になっても売却や賃貸が確実にできるように実家信託の活用をオススメするわけです。

実家信託とは

　所有者の生前に不動産の名義を変えるには、今までは「売買」か「贈与」の2つの方法が主な手段でした。不動産売買ですと、不動産を買取る資金が必要になってきますし、贈与ですと不動産の贈与を受けた人に贈与税がかかります。売買も贈与も「民法」の世界では、名義と財産権を分けることができないので「名義だけ変える」ことは不可能でした。

　しかし、信託により名義を変える3つ目の方法が出てきました。民法とはまったく別の「信託法」という法律が主体になった制度になりますので、言わば「信託ワールド」という別世界に入ることになります。「信託ワールド」では、不動産を名義と権利に分解することができるのです。つまり、不動産の名義だけを持つ人と、不動産の財産権を持つ人を別々にすることができるということです。

　信託ワールドに不動産を入れることで、つまり不動産を信託することで、名義のみを別の人に変えて、財産権は元の所有者が持ち続けることができます。そこには財産権の移転はありません。そのため、「民法ワールド」での売買における対価の必要性や贈与における贈与税が伴ってこないことになります。

実家信託の活用で空き家予備軍を救うことができるのは、このように信託によって名義と財産権が分けられるからです。

　それでは、「信託ワールド」という別世界へご案内しましょう。

1　実家信託の基本

【信託の起源（ポイントは委託者と受託者との信頼関係）】

　信託を理解するには、その起源をお話しすると理解が早いでしょう。

　信託制度の原型は中世イングランドに遡ります。「ユース」と言われる制度です。

　十字軍に参加する騎士が信頼のおける友人等に自分の財産（領地）の名義を信託し、出征中に騎士の家族のために財産管理を頼む手段として使われたと言われています(注1)。託された友人は領地を護り、そこからの収益を家族に与えます。

注1　『家族信託実務ガイド第1号「信託の歴史」』高橋倫彦（日本法令）

信託法の法律用語を使うと、ここで登場する騎士（財産の所有者）を「委託者」、託される友人を「受託者」、利益を受ける家族を「受益者」と言います。この3つの用語は基本ワードですので、覚えてください。

　騎士が出征してしまうと、生きて帰って来られるかどうかわかりません。現在のように電話も郵便も発達していなかったでしょうから、簡単に生死の確認をすることもできない状況です。そのような状況下で、不動産を信託して友人の名義に変えてしまうということは、余程の信頼関係がないとできないことです。

　この部分は、信託で最も重要なポイントです。信託では、委託者（騎士）は自分の不動産の名義を受託者（友人）に託しますが、友人には絶対の信頼を置いています。つまり信託は、絶対の信頼が置ける人がいないと組成ができないことになります。もし、契約当初から「友人は裏切って不動産から生じる賃料などを横取りするのではないか」とか、「友人は不動産の管理や運用等の仕事を確実に行ってくれるだろうか？」などという疑いがあるようでしたら信託してはいけません。

　受託者（友人）は、委託者（騎士）の叶えたい望みや希望である「家族を守る」といった一定の目的の実現のために、領地の管理または処分およびその他、その目的を達成するために必要な行為をします。

　繰り返しますが信託は、委託者と受託者の強い信頼関係が基本になります。

 信託行為（信託の設定方法）は三種類

　信託の設定方法は、

> 1. 信託契約による方法
> 2. 遺言による方法
> 3. 信託宣言をする方法

の三種類があります。これをまとめて、「信託行為」といいます。

空き家防止のための実家信託では、①信託契約による方法をおもに使いますが、②遺言による方法、③信託宣言をする方法を選択することもあります。

1 信託契約による方法

空き家防止のための実家信託では、親と子どもの間で「契約」による信託を主に使います。

実家の所有者である親が元気な間に委託者になり、実家を管理する子どもを受託者、所有者の親を受益者として、信託契約を締結します。契約の当事者は、財産を信託する委託者と信託される受託者の２者契約になります。ここで注意することは、受益者を決して実家の所有者（親など）以外にしないことです。つまり、委託者イコール受益者の構造にすることです。

たとえば、委託者を親、受託者を子ども、受益者を孫とする信託契約を結んだとたんに、実家の不動産が親から孫へ贈与されたことになり、一括で贈与税が課せられてしまいます。

2 遺言による信託

遺言信託というのは、遺言を作成して、委託者に相続が起きたときに効力が生じるように設定する信託です。通常は契約による信託で不都合はないかもしれませんが、どうしても相続開始後に信託をスタートさせたい場合には遺言信託を使います。

また、信託契約による方法ですと契約締結時現在の財産が信託され、契約日以降の財産は自動的に信託されません。委託者の財産すべてを漏れなく信託したいと希望するのであれば、信託締結後から相続までに発生した財産については、信託財産に注ぎ込めるように遺言信託で対処しておくことも可能です。

　ところで、信託銀行で提供する、遺言の作成・執行に関するサービスのことも「遺言信託」と呼ばれていますが、これは単なる遺言書を信託銀行が預かるサービスですので、ここでいう信託とは異なることから注意が必要です。

　なお、信託契約は、委託者と受託者の二者契約ですが、遺言信託は遺言をする人だけで完結する手続きですので、事前に受託者に「自分が亡き後はよろしく」と、承諾を得ておく必要はありません。しかし、あらかじめ内諾を得ておかないと、遺言者が指定した人や法人に受託してもらえないことがありますから、事前の承諾は得ておくべきでしょう。

3　信託宣言（自己信託）

　信託宣言（自己信託ともいいます）とは、委託者が自分自身を受託者として自分の財産を信託財産とする旨を公正証書などで意思表示することで設定する信託です（信法3条3項）。

　自己信託でさらに自分が受益者となる、委託者＝受託者＝受益者の「三位一体信託」については、そのままの状態で1年継続すると信託は終了する（信法163条2号）ことになります。

　実家を信託しようとした際に、どうしても適当な受託者が見つからない場合があります。そのときには、ご自分の財産を一旦ご自分が受託者となる三位一体信託をしておき、早期に受託者を見つける方法も可能です。

9 信託の法的構造

1 信託で所有権を分離できる

　不動産の所有者は、その名義と財産権を合わせて持っていて分離できません。たとえば、箱に入ったケーキを想像してみてください。箱にケーキが入っている状態が所有権です。箱は名義であり、ケーキは財産権で一体化しています。信託とは、「箱からケーキを出すこと」つまり、名義（箱）と財産権（ケーキ）を分けることなのです。箱からケーキを出すととても自由度が増します。

【信託とは、所有権を名義と財産権に分けること】

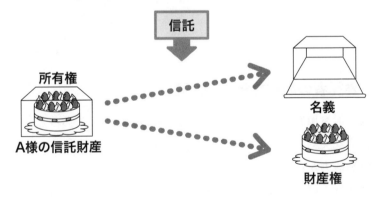

　父が所有者となっている実家で考えてみましょう。実家の不動産の名義（ケーキの箱）を長男に変えることで、長男は不動産の管理、運用、処分等の財産管理義務を負います。そして、財産権（ケーキ本体）は当初の所有者である父のままにしておきます。名義人である長男は財産管理義務を負い、ケーキの持ち主である父が認知症になろうが、死亡して

相続が開始しようが、財産管理に支障はおよびません。父がどのような状態になろうとも、長男さえしっかりしていれば、ケーキは凍結しません。つまり、先ほどから恐れている不動産の凍結は防ぐことができます。

法律的に言えば、当初、箱に入った状態でのケーキの所有者が「委託者」、箱からケーキを出して箱の名義を変えた人(もしくは法人)が「受託者」、ケーキの持ち主が「受益者」になります。

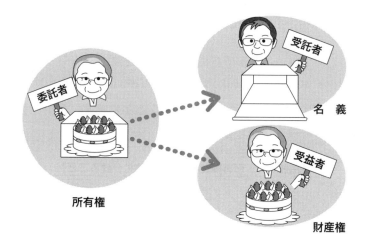

2　委託者の明確な意思が必要

信託で最も重要なのは、委託者と受託者の信頼関係であると書きましたが、信託契約の土台となるのは、委託者と受託者に契約する能力、つまり判断能力があるかどうか、という点です。

受託者は、信託財産を管理、運用、処分する義務があるので、判断能力を持ち続けなければなりません。委託者は自分の財産を受託者へ信託させてしまえば、その後の財産管理義務はなく、単に利益をもらうだけの存在になります。しかし、委託者と受託者で信託契約を締結するので、契約時には双方に意思能力が必要です。

信託契約締結後に委託者の判断能力が減退しても信託に影響はありま

せんが、信託契約時に委託者に契約の意思と能力があったことについて、後々のトラブルを避けることまで考慮すべきでしょう。そうなると、信託契約書は、公証人さんに関与をお願いし、公正証書にしたり、宣誓認証を付しておいたほうが安心でしょう。

【信託契約は、委託者と受託者の二者契約】

　同様の理由により、受託者が無理やり、委託者に信託させることもできません。「父親の財産を私が信託したいのだけど、どうも私を信用してくれないので、父親を説得してくれませんか？」といったような依頼を、時々受けることがあります。信託の説明はしますが、委託者が納得しなければ信託を組むことはできませんので「説得」はできません。当然のことながら信託を強制したり、騙して信託させたりすることはできません。

3　信託するには「目的」が必要

　ケーキを箱から出す（信託する）に際し、必ず決めなくてはならないことがあります。それは、当初の所有者（委託者）がどのような「願い」や「希望」を持っていたかを明らかにする、つまり、「目的」を明記することです。

たとえば、「判断能力が減退しても、確実に不動産を賃貸もしくは売却できるようにする」とか、「不動産を○○家の祭祀承継者（お墓やお仏壇を護る人）に確実に承継できるようにする」などという具体的な内容が好ましいです。

なぜならば、当初の所有者（委託者）が認知症になったり、相続が開始してしまった後にも財産管理は継続されますので、具体的で的確な目的がないと、受託者が財産管理の方向性を失ってしまうからです。当初の所有者（委託者）は信託の道標（みちしるべ）となるべき「目的」をしっかりと立てなくてはなりません。

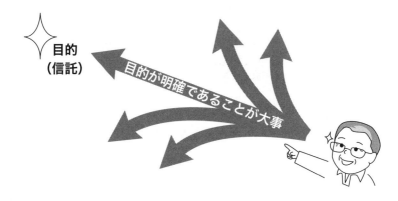

4 信託では「制限をかける」こともできる

たとえば、先祖代々の土地は孫の代までは売って欲しくないという希望があったとします。信託はとても柔軟性があり、不動産に制限をかけることもできます。所有権は絶対的権利なので、相続等で次の人に所有権が移るとこのような制限をかけることはできませんが、信託契約ではそれらが可能となり、また、不動産登記の信託目録によって公示されます。

制限できる内容も、自由に決めることができます。たとえば、「この不動産は○○の同意がないと売却できない」、「この不動産には抵当権や

根抵当権などの担保をつけることができない」などの制限です。不動産の売却や担保権設定において特定の人の同意が必要な場合には、その人の同意書をつけないとそれらの登記が入りません。また、抵当権を不動産に付けようと思っても信託で制限していれば、抵当権設定の登記はできません。結果的に売却や担保の設定の制限が可能になります。委託者のほうから、不動産の売却を抑制できるようにしたい旨のご希望があったときには、「条件を調えないと、売買や担保権設定の登記が入らないので、役所（法務局）が見張っていてくれるようなものです」とご説明したところ、とても安心されました。

　ただし、むやみに制限をかけると、後々困ることもありますので、まったくできなくするのではなく、ある程度の調整が可能なように配慮することや、比較的短期間の制限にする等の工夫が必要です。

5　不法な目的の信託や脱法信託は無効

　目的が不法な場合や脱法信託は信託自体が無効になりますので、注意が必要です。たとえば「信託財産の運用のため、受託者は麻薬の売買を行う」といった信託や「信託財産の運用益は、各賭博場の主催者に交付する」といった信託は無効になります[注2]。信託によって名義が変わる際に、財産権の移転がないため、登録免許税が軽減されたり、不動産取得税が非課税になったりしますが、税務メリットのためだけで信託をすることも、脱法行為に該当する場合があると思われますので、注意すべきです。

6　もっぱら受託者の利益になる信託は無効

　契約とはいえ、信託の内容はまったく自由に決められる訳ではありません。その信託が受益者の利益になるものではなく、「受託者の利益」になるような目的では、信託は成立しません。

注2　『信託法入門』道垣内弘人（日本経済新聞出版社）

十字軍に参加する騎士における信託の始まりを説明しましたが、友人は自分の利益のために受託するのではなく、出征中における騎士の「家族のため」に受託をしていました。ただし、「受託者と受益者がまったく同一」の信託も1年だったら認められています（信法163条2号）。これは、受託者が受益者になるからで、もし、信託を続けたい場合には、受益権の一部もしくは全部を他の人に譲渡して、「受託者と受益者がまったく同一」にならないようにすることが必要です。

　また、受託者を途中で変えられるように信託契約書で別段の定めをしておくことも、信託を終わらせない方法のひとつです。

7　受託者の分別管理義務

（1）　不動産

　受託者は自分の財産（「固有財産」といいます。たとえば自分が購入した自宅）と受託者名義で信託された財産（たとえば、実家の不動産を信託した場合の実家の不動産）を分別管理しなくてはなりません。つまり、自分の財産と信託財産を混ぜてしまうことなく、区別しなくてはならないということです。

　不動産における分別管理は「登記」をすることです（信法34条1項1号）。不動産登記事項証明書は78ページに掲載されていますので、そちらをご参照ください。

（2）　金銭、預貯金

　金銭や預貯金においても受託者は分別して管理しなくてはなりません。信託契約に管理の方法を定めた場合にはそれに従いますが、特に定めていない場合には、「その計算を明らかにする方法」で管理すればよいとされています（信法34条1項2号ロ）。

ところで、預貯金には通常、譲渡を禁止する旨の文言である譲渡禁止特約が付されています。つまり、自分名義の預貯金を他の人に譲渡できないように定められています。信託であっても金融機関からみれば、委託者から受託者へ預貯金の名義人が変わっているという点では、譲渡と同様に扱うことになるでしょう。信託契約書の財産目録に委託者名義の預金口座（金融機関や支店、口座番号）が記載してあったとしましょう。受託者が一人でその信託契約書を金融機関の窓口に持参して「この預貯金は信託財産ですよ」と言って、委託者名義の預金を引き出そうとしても受け付けてもらえないという事態が発生することが予想されます。そこで実務的には、委託者と受託者は共同で下記のプロセスを踏んで預貯金を受託者の管理下に置くことが大切です。

① **信託契約書を宣誓認証、もしくは公正証書にする**

金融機関によっては宣誓認証では不十分で公正証書まで求めるところもありますが、公証人に本人の意思確認をしてもらうという点では宣誓認証で十分と考えます。

宣誓認証とは、「私署証書の作成名義人本人が、公証人の面前でその証書の記載内容が真実であることを宣誓したうえ、署名もしくは記名押印し、または証書の署名もしくは記名押印が自己の意思に基づいてされたものであることを自認した場合に公証人がその私署証書に付与するもの」です。私署証書の作成名義人本人が、公証人の面前で宣誓する宣誓認証は、国の機関である公証人が作成名義人本人に「証書の内容が虚偽であることを知りながら宣誓した場合には過料に処せられる」ことを告知したうえで付与されるものであり、作成名義人本人もそのようなリスクを負ってまで、虚偽の内容と知りつつ宣誓することはないであろうとの理由などから、証書に

記載された内容の真実性が担保されることになります（法務省ＨＰより引用）。

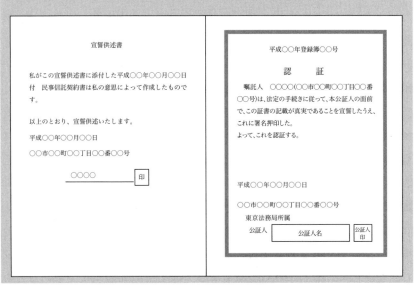

② 金融機関へ公証人の関与した信託契約書を持ち込み、受託者の個人口座とは明確に区別できるように「委託者兼受益者〇〇　受託者〇〇　信託口」あるいは「受託者〇〇　信託口」等の名称で信託口座を金融機関で開設してもらう

　この受託者名での口座開設によって、受託者が自らの名前でもって預貯金の取引が可能になり、委託者の関与は不要となります。

　口座の名称については金融機関によっても多少異なりますし、特定の支店で信託口座を開設できたとしても、全支店での対応が可能となっている金融機関は一部にとどまります。信託口座への入金額の多寡や、委託者や受託者が取引銀行とどの程度の信頼関係を構築しているか、全体としてどの程度の信託財産があるのか等、信託口座を開設するか否かの判断基準は金融機関によって異なるようです。実家信託

が普及して多くの金融機関が信託口座の開設に応じてくれるようになることを、強く希望します。

③　委託者は委託者名義の預貯金を解約して、信託口座へ移す

委託者に金融機関へ出向いてもらい、預貯金の解約や引き出しの手続きをしてもらいます。このときに委託者の判断能力が低下してしまっていると、引き出し等ができないので、信託契約書作成後、速やかに手続きをし、すでに開設した信託口座に委託者の預貯金や金銭を入金してもらいます。

8　農地は信託だと農地法の許可がおりない

農地については注意しなければなりません。農地は農業協同組合または農地保有合理化法人による信託の引き受け以外、原則として信託できないからです（農地法3条1項14号、2項3号）。

実務においては、市街化区域において、地目が農地だが現状は宅地として使用としている場合には、信託の登記申請をする前に宅地への地目変更登記を行うことが必要になってきます。

農地は信託できない。
宅地として活用している場合は
地目を確認のこと。

しかしながら、農地こそ信託の活用が必要な不動産だと思います。信託ですと、多くの小規模農地を集約して受託者が一括管理のうえ、活用できますし、ご高齢の方で、もはや農業を継続できないが先祖代々の田畑を

売り渡したくないという方には名義と財産権を分けることで、それらの利用が活発になると思われるからです。農地の信託については法律の改正が待たれるところです。

9 信託の登場人物

信託にはいろいろな登場人物がいます。基本は、委託者、受託者、受益者の三者ですが、実家信託ではその他に受益者代理人と信託監督人が登場する場合があります。

（1） 受益者代理人

受益者代理人とは、読んで字の如く、「受益者の代理人」です。実家信託では、受益者は多くのケースにおいて実家の所有者となる親になります。その親が高齢のために、認知症など自分で意思表示ができないときに、信託契約を変更する可能性があるときなどに、受託者と受益者代理人で信託契約を変更できるように設定することが多いです。

（2） 信託監督人

信託監督人も、文字どおり「信託を監督する人」です。信託銀行や信託会社は金融庁の監督を受けます。また成年後見制度では後見人は裁判所の監督下にあります。実家信託では実家を空き家にさせないため、実家を引き継ぐ予定の親族に信託すること、また、親族間での強い信頼関係の下で信託するため、監督する必要性は薄いと思われます。

第1章　空き家の実態について

信託の法務と登記

1 信託の効力の発生

　信託契約は、委託者と受託者の合意で成立し、効力が生じます(信法4条1項)。利益を受ける受益者は、契約成立時の当事者にはなりません。また、信託財産となる不動産などの引き渡しや登記などは効力要件ではありません。

2 信託の公示

　信託法では、信託財産に属する財産の対抗要件として、「登記又は登録をしなければ権利の得喪及び変更を第三者に対抗することができない財産については、信託の登記又は登録をしなければ、当該財産が信託財産に属することを第三者に対抗することができない。」(信法14条)と規定されています。つまり、不動産においては登記をしなければ、第三者には対抗できません。この第三者の範囲は、信託の信託関係人(委託者、受託者、受益者、信託管理人、信託監督人、受益者代理人など)、信託行為の当事者(委託者と受託者)の包括承継人、詐欺または強迫によって登記の申請を妨げた者、信託財産または受益権に対する不法行為者を除いた者となります[注3]。

3 受託者の分別管理義務としての登記

　契約の締結で信託の効力は生じます。そして、登記は第三者対抗要件にすぎません。それでは、登記はしなくてもよいのでしょうか？
　答えは「いいえ、登記は必要」です。不動産は、「信託の登記または登

注3　『信託登記の実務』信託登記実務研究会編(日本加除出版)

録をすることができる財産」として、受託者には「当該信託の登記または登録」によって分別管理をする必要が出てくるからです（信法34条1項1号）。

　分別管理義務が受託者に課せられる理由としては、受託者が倒産した場合に、その倒産から信託財産を隔離すること、受託者がその地位を利用して忠実義務に違反する行為をしないように、そのような行為を未然に防止すること、信託財産に損害が生じたような場合に、その損害額の立証を容易にすること等が考えられます[注4]。

　分別管理する方法について、信託行為に別段の定めがあるときは、その定めるところによる（同条1項但書）、とされていますが、同条2項によって、信託財産が不動産である場合には、信託契約に別段の定めをおくことで登記を免除することはできないとしているので注意が必要です。信託財産が不動産である場合は受託者の分別管理義務が大変に重要な義務であるからです。

　つまり、不動産を信託した場合に登記を留保する理由がなければ、遅滞なく登記申請しなければなりません。

4　信託登記に特有な登記事項

　不動産については、信託法に登記に関する事項が規定されているだけでなく、不動産登記法にも「信託に関する登記」として、独立して規定があります。信託登記に特有な登記事項は、次ページのとおりになります（不登法97条1項）。

　なお、前記第二号から第六号までに掲げる事項のいずれかを登記したときは、受益者の氏名または名称および住所を登記することを要しないとされています（同条2項）。ただ、受益者代理人を登記した場合には、当該受益者代理人が代理する受益者に限り、受益者の登記を要しないとされています。また、登記官は信託の登記事項を明らかにするため信託

注4　『信託登記の理論と実務、第3版』藤原勇喜（日本加除出版）

目録を作成することができるとしていますが(不登法97条)、実務上は登記申請者が信託目録に記録すべき情報を信託登記申請と共に提出しています。

 信託登記に特有な登記事項

一　委託者、受託者および受益者の氏名または名称および住所
二　受益者の指定に関する条件または受益者を定める方法の定めがあるときは、その定め
三　信託管理人があるときは、その氏名または名称および住所
四　受益者代理人があるときは、その氏名または名称および住所
五　受益証券発行信託であるときは、その旨
六　受益者の定めのない信託であるときは、その旨
七　公益信託であるときは、その旨
八　信託の目的
九　信託財産の管理方法
十　信託の終了の事由
十一　その他の信託の条項

5 信託の登記の申請方法等

　信託の登記の申請は、当該信託に係る権利の保存、設定、移転または変更の登記の申請と同時にしなければならず、信託の登記は、受託者が単独で申請することができる(不登法98条)、と規定されています。そこで、実家を信託するときは、受託者への所有権移転登記申請とともに信託の登記を同一の申請書で行うことになります。

6　信託の税務＜信託設定時、信託期間中の課税関係＞

（1）　自益信託

　家族信託の基本スキームは、委託者＝受益者です。これを自益信託といいます。信託の設定時に委託者と受益者が同一の場合には、原則として、課税されません。

　信託では、原則として受益者が信託財産を所有していると考えます。不動産の名義が誰なのかは問題にしません。信託から生じる所得とは、たとえば、賃貸不動産の賃料や不動産の売却代金などで、それを受け取る人、つまり受益者は誰かに注目します。先ほどのケーキと箱で言えば、受託者は箱（名義）しか持っていません。実際の財産権はケーキ（受益権）なので、ケーキを持つ受益者が課税の対象となりますが、信託財産に移動がないので、課税されないことになります。

（2）　他益信託

　他益信託とは、信託設定時の受益者が委託者と異なる信託をいいます。つまり、委託者≠受益者のタイプの信託です。

第1章　空き家の実態について

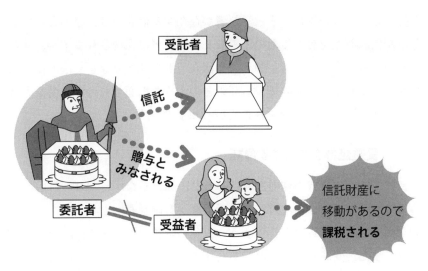

　ケーキと箱でいえば、実際の財産権であるケーキ（受益権）が委託者以外に渡れば、受益者は委託者から信託財産の贈与を受けたとみなされて、贈与税が課せられます。
　先述した十字軍の例でいえば、委託者たる騎士は受託者たる友人に信託して、受益者を家族に設定してしまうと、家族にケーキが渡ったことになり、家族が騎士に対して、適正な対価を支払わなければ、税務上は騎士から家族に贈与があったものとみなされ、贈与税が家族に課税されてしまいます。

7　受託者が個人でも法人税が課せられてしまう信託

　先ほど、所得は受益者等に帰属すると説明しましたが、受託者に所得が帰属して法人税が課せられてしまう信託もあるので、こちらも注意する必要があります。実家信託では以下の２パターンを避けるべきでしょう。

（１）　受益者等がいない場合

　受益者等がいない場合とは、信託期間の全部または一部において受益

者等が存在しない場合です。受益者が存在する信託では、原則として受益者が信託財産を有するものとみなして受益者に課税されますが、受益者がいない場合、受託者が個人でも法人でも会社とみなして法人税の課税がされてしまいますので、信託のどのような場面であっても受益者は必ず存在するように設計する必要があります。

（2） 受益証券を発行する信託

　会社ですと、株式の株券を発行したり、発行しなかったりと自由に決めますが、信託では要注意です。受益権が有価証券化され、多くの人の間を頻繁に流通するとされるような、受益証券を発行する信託の場合は、これもまた、受託者が信託財産を有するものとみなされて、個人が受託者でも法人税が課せられます。

8　実家信託での注意点

（1）　原則、自益信託とすること

　税務上、注意しなければならないのは、他益信託ですと一括で贈与税が課せられるということです。十字軍で言えば、騎士の財産を友人に信託して、受益者を家族にすると、家族に利益が実際に分配されなくても、信託契約をしたとたんに、信託財産すべてに一度に課税されます。

　実家を信託するうえでも同様の注意が必要です。実家は居住しているだけで賃料収入がなく利益が配分されないので、委託者以外を受益者にしても、課税されないかと言えば、決してそうではありません。受益者が信託財産を有するとみなされるので、他益信託にすると、実家を一度に贈与したことと同じ額の贈与税が受益者にかかってしまいます。

　また、当初は自益信託で信託設定をしても、信託の途中で受益権を贈

与して委託者以外が受益権を取得すると、贈与された受益権について贈与税が課せられますので、注意してください。

賃料収入がある賃貸不動産も居住のみの実家も、自益信託を基本スキームにするのはどちらも同じで、重要です。

（２）　固定資産税の納税義務は受託者になる

信託契約を締結し、不動産登記を申請することにより不動産は受託者名義になることから、固定資産税台帳には受託者が記載され、固定資産税の納税通知書は、受託者あてに届くようになります。

もし、受託者が固有財産として不動産を所有していると、固有財産の固定資産税と信託財産の固定資産税が一緒に請求されてきます。それぞれの税額の明細については書かれていないので、受託者で計算して、それぞれを分けて納付する必要があります。

（３）　損益通算について

実家信託の中でも、賃貸物件など不動産所得がある人が信託をするときは、損益通算について注意が必要です。

受益者が個人の場合、信託から生じた損失は、原則として損失として取り扱われるのですが、信託から生じた損失が不動産所得の損失である場合、平成18年以後は、不動産所得の計算上なかったものとされます（措法41条の4の2第1項、措令26の6の2第4項）。したがって、信託から生じた不動産所得の損失は、当該信託以外からの所得と相殺することはできませんし、翌年以降に繰り越すこともできません[注5]。詳しくは税理士さんに相談してください。

（４）　実家にかけている損害保険の名義変更について

通常、実家の火災保険や地震保険などは実家の所有者が保険契約をし

注5　『信託を活用した新しい相続・贈与のすすめ』笹島修平（一般社団法人大蔵財務協会）

ています。実家信託を組むと登記上は所有者が受託者へ変更になりますが、保険契約はどうなるのでしょうか。この場合、保険の事故が起こった結果その利益を受けるのは受益者ですので、実質的には移転はなかったと考えられます。

実家信託における保険の取り扱いは、保険会社に対して、
① 信託による名義変更であり、実質的な所有権移転ではないこと
② 保険金請求権は当初の所有者である受益者にあること
などを説明して手続きをしましょう。

9 登録免許税・不動産取得税等について

（1） 信託設定時

実家を信託するに際し、費用がどれほどかかるのか心配になると思います。実家の所有者である親が認知症になったり、病気や事故で判断能力が不十分になってしまうことに備える必要性はわかっていても、リスク対策にそれほど費用をかけることはできません。個人名義の不動産を

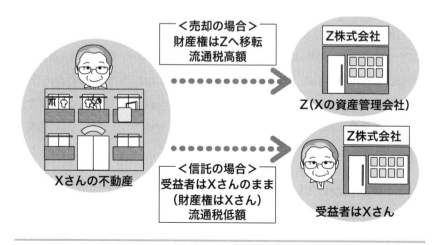

資産管理会社へ「売却」することで認知症や死亡による凍結を防止しようとすると税負担がとても大きいため、二の足を踏んでしまう方も多いようです。

実は費用の点においても、信託はリスク対策においてピッタリの手法です。繰り返しますが、不動産を箱に入ったケーキにたとえると、ケーキ（受益権）の移転はなく、下の図では、Xさんが持ち続けることになります。ですから、不動産の名義が変わっても贈与税が課税されません。さらに、不動産名義変更にかかわる税金（流通税といいます）も低額で済みます。

流通税には登録免許税と不動産取得税、印紙税がありますが、それらについて不動産を資産管理会社へ「売却」する場合と「信託」する場合に分けて、例を挙げて詳しくみてみましょう。

①Xさんが不動産をZ株式会社（資産管理会社）へ売却する際にかかる流通税

	土　地	建　物
登録免許税	2％ （土地は1,000分の1.5％：平成29年3月31日まで）	2％
不動産取得税	4％ （特例により、平成30年3月31日まで3％、宅地は課税標準の2分の1に対して課税）	4％ （住宅は平成30年3月31日まで3％、要件を満たせば他にも軽減あり）
印紙税	1,000万円を超え5,000万円以下	2万円
	5,000万円を超え1億円以下	6万円
	1億円を超え5億円以下	10万円

②Xさんが不動産をZ株式会社へ信託した際にかかる流通税

	土　地	建　物
登録免許税	0.4% （土地は0.3%：平成29年3月31日まで）	0.4%
不動産取得税	なし	なし
印紙税	200円	

　不動産の信託においては、所有権移転登記を申請しても、受益者が信託財産である不動産を所有しているとみなすので、信託の設定における不動産の登録免許税および不動産取得税は非課税になります（登法7条の1第1号、地法73条の7第3号）。

　たとえば、下記の事例で実際の計算をしてみましょう（特例や軽減措置を除き、原則の税率でシミュレーションします）。

固定資産税評価額	土　地　　　3,000万円 建　物　　　1,000万円
時　価	土地と建物で　5,000万円 土地も建物も取得費は不明

（イ）　X所有の土地建物をZへ売却した場合にかかる税金（事例）
　　　⇒合計で約1,170万円

> ⅰ）Zにかかる税金；合計200万円
> 　　＜内訳＞
> 　　不動産売買にかかる**登録免許税**
> 　　4,000万円　×　2％　＝　80万円
> 　　不動産売買にかかる**不動産取得税**
> 　　4,000万円　×　3％　＝　120万円
> ⅱ）Xにかかる税金；9,649,625円
> 　　譲渡益課税（概算）
> 　　5,000万円（1－5％）×20.315％＝9,649,625円
> ⅲ）XとYにかかる税金：合計4万円
> 　　印紙税（売買価格5,000万円）　2万円×2＝4万円

（ロ）　X所有の土地建物をZへ信託した場合にかかる税金（受益者はX）
　　　⇒合計で16万円

> ⅰ）Zにかかる税金；合計16万円のみ
> 　　＜内訳＞
> 　　不動産信託にかかる登録免許税；16万円
> 　　4,000万円　×0.4％　＝16万円
> 　　不動産で信託にかかる不動産取得税；なし
> ⅱ）Xにかかる税金；なし
> 　　譲渡益課税；なし（受益者がXのままなので）

　以上、不動産の売買について比較すると、Xは約967万円、Zは202万円で、合計約1,170万円になりますが、信託で名義のみ変更するのであれば、Zに16万円かかるのみです。

リスク対策で、1,170万円もの税金がかかるとなると、対策に乗り出すには躊躇するかと思いますが、16万円程度の税金であれば負担は少ないでしょう。

（2） 受益権の移動

信託の受益権は原則として譲渡することができます（信法93条1項）。受益権が移動したときは、原則として旧受益者から新受益者へ信託財産の不動産が移動したものとみなされて課税関係が発生します。受益権の移動が贈与によれば贈与税が、譲渡によれば譲渡益が出たときは譲渡益課税がされます。

登録免許税は信託目録に登記を入れるので、不動産1筆につき1,000円になります。また、受益権が移動しても不動産自体は移動しませんので、不動産取得税はかかりません。

（3） 受託者変更の際の登録免許税・不動産取得税

受託者を変更すると、不動産については所有権移転登記を申請しますが、受託者の変更なので、この登録免許税は非課税です（登法7条1項3号）。なお、信託目録の「受託者に関する事項」を変更するので、「信託目録の記録事項の変更」登記も必要で、登録免許税は不動産1筆につき1,000円です。不動産の名義が変更になっても、不動産取得税も非課税です（地法73条の7第5号）。

（4） 信託終了の際の登録免許税・不動産取得税

信託を終了させるとき、すなわち信託不動産を通常の不動産に戻す場合の登録免許税や不動産取得税は、信託設定時とは異なり負担額は大きくなるので注意が必要です。信託終了登記に要する登録免許税は原則2％（登法別表第一、1、(二)ハ）、信託抹消の登記が不動産1筆につき

1,000円になります。さらに不動産取得税は原則4％（軽減税率の適用もあります）が課税されます。

ただし、以下の例外があります。

①　委託者、受益者に変更がなく所有権を元に戻すとき

信託の委託者＝受益者の自益信託で、信託期間中に委託者および受益者に変更がなく、信託終了時に初めの委託者に所有権を戻す場合には登録免許税、不動産取得税ともに非課税になります（登法7条1項2号、地法73条の7第4号）。

②　受益者が委託者の相続人のとき

自益信託で、信託設定時から終了まで受益者の変更がなく、信託が終了したときに所有権を取得する人（帰属権利者）が委託者の相続人のときは、相続の登録免許税が適用になることから、登録免許税は0.4％で、不動産取得税は非課税です（登法7条2項、地法73条の7第4号）。ただし、信託の終了時が相続開始日のみに限定されるのか、相続開始日以降に信託が終了して、終了時の帰属権利者が相続人であれば、この軽減措置が適用になるのかは明確にはされていません。

（5）　特別控除等について

信託をしても、自益信託で要件を満たせば、特別控除の特例や税額軽減の制度を使うことができます。信託後の信託財産である実家の不動産は課税法上、受益者が不動産を有しているとみなして考えられるためです。

実家信託でぜひとも活用していただきたい制度は、①居住用財産を譲渡した場合の3,000万円の特別控除の特例と、②相続時における配偶者の税額の軽減、③相続した事業の用や居住の用の宅地等の価額の特例（小規模宅地等の特例）です。

居住用財産の売却の際に控除が使えると納税額が大きく変わりますし、相続税の申告期限内に税額軽減や特例を使い、相続税の申告や納付を行うことでこちらも納税額が大きく変わってきます。不動産を信託しても不動産の評価額は変わらないので、信託は使えないと言う方もいらっしゃいますが、これらの制度を有効活用するためには実家信託は必要です。ただし、制度を使うためには様々な要件がありますので、事前に税理士さんとご相談することをおすすめします。

① **居住用財産を譲渡した場合の3,000万円の特別控除の特例**(注6)

　マイホーム（居住用財産）を売ったときは、所有期間の長短に関係なく譲渡所得から最高3,000万円まで控除ができる特例があります。

　これを、「居住用財産を譲渡した場合の3,000万円の特別控除の特例」（以下「居住用財産の特例」）といいます。不動産の譲渡で生じた所得に約20％から30％の所得税および復興特別所得税、住民税がかかりますが、信託ですと受益者が不動産を有しているとみなされるため、この制度が使えることになります。

② **相続時における配偶者の税額の軽減**(注7)

　「相続時における配偶者の税額の軽減」とは、被相続人の配偶者が遺産分割や遺贈により実際に取得した正味の遺産額が、次の金額のどちらか多い金額までは配偶者に相続税はかからないという制度です。

> i. 1億6千万円
> ii. 配偶者の法定相続分相当額

　この配偶者の税額軽減は、配偶者が遺産分割などで実際に取得した財産を基に計算されることになっています。
　したがって、相続税の申告期限（相続開始後10ヵ月）までに分割

注6　「No.3302　マイホームを売ったときの特例」国税庁HP
注7　「No.4158　配偶者の税額の軽減」国税庁HP

されていない財産は税額軽減の対象になりません。つまり、遺産分割で揉めてしまったり、親が認知症で遺産分割をするために後見人を付けなくてはならなくなりますと時間がかかり、10ヵ月以内に遺産分割することが困難になってしまいます。

③　相続した事業の用や居住の用の宅地等の価額の特例（小規模宅地等の特例）[注8]

　個人が、相続または遺贈により取得した財産のうち、その相続の開始の直前において被相続人等の事業の用に供されていた宅地等または被相続人等の居住の用に供されていた宅地等であって、一定の選択をしたものの限度面積までの部分（以下「小規模宅地等」といいます）については、相続税の課税価格に算入すべき価額の計算上、一定の割合を減額します。この特例を小規模宅地等についての相続税の課税価格の計算の特例といいます。

　なお、相続開始前3年以内に贈与により取得した宅地等や相続時精算課税に係る贈与により取得した宅地等については、この特例の適用を受けることはできません。

注8　「No.4124　相続した事業の用や居住の用の宅地等の価額の特例（小規模宅地等の特例）」国税庁HP

第2章

「実家信託」で実家を売却する！

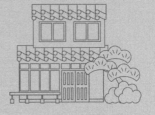

事例1 実家に両親が暮らしている岸本大介さん（仮名）の場合

【実家信託の基本事例】

　岸本大介さん（仮名）は独立して持ち家があり、両親と別居しています。岸本大介さんのご両親（父博さん、母文代さん）は健在で、実家で暮らしています。実家の土地と建物は父博さん単独の所有です。最近、父博さんはめっきり元気がなくなってきたようですが、大介さんは近い将来、親の面倒をみなくてはならないと思いつつ、現在に至っています。

岸本大介さんの家族構成

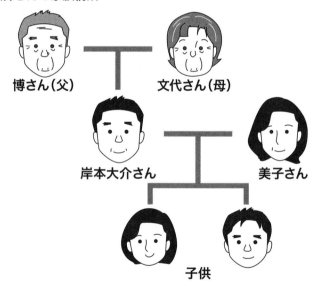

第2章 「実家信託」で実家を売却する！

実家信託を活用しなかった場合

1　父博さんが何も対策を取らなかったら？

　岸本大介さんは漠然と不安をかかえていましたが、なにをしてよいのかもわからず、様子を見るに止まりました。

　あるとき、父博さんが脳疾患で倒れました。判断能力を失ってしまい回復するかどうかはわからない状態です。母文代さんも高齢なので、実家での一人暮らしは難しいだろうと、大介さんが母を自宅に引き取ろうと考えています。そして、母を引き取った後で実家を売って、父の医療費や母の生活費に充てたいと考えました。

　しかし、父博さんは判断能力がないため、博さん名義の実家を博さんが売る手続き（売買契約や登記の申請などの法律行為）はできません。したがって、実家は空き家の状態が続いたままになります。

2　成年後見制度を使った場合

（1）　成年後見人選任申し立てをする

　父博さんはすでに判断能力を失ってしまっているため、博さんご自身は実家の売買の手続き（法律行為）ができません。そこで裁判所に法定代理人として、「成年後見人」を選任してもらう必要が出てきます。成年後見人の候補者を家族にして、裁判所へ申し立てをしたとしても、近年は弁護士や司法書士などの専門家が成年後見人に選任されることが多くなってきています。

（2）　成年後見人で実家が売却できるか？

　成年後見人が選任されたとしても、実家の売却は困難です。成年後見人は、「成年被後見人（事例では父博さん）に代わって、その居住の用に供する建物またはその敷地について、売却、賃貸、賃貸借の解除または抵当権の設定その他これらに準ずる処分をするには、家庭裁判所の許可を得なければならない（民法859条の3）」として、実家の売却については、家庭裁判所の許可が定められているからです。

　実家は「居住用不動産」に該当します。被後見人の居住用不動産とは、「被後見人が現に居住している、または、現在被後見人は居住していないが、過去に被後見人の生活の本拠として実態があるなど、今後、帰住する可能性のある居宅および同敷地」のことをいいます。居住用不動産は、被後見人にとって「生活の本拠」であり、また、「心のよりどころ」でもあるため、それらの処分は、被後見人の心身や生活にとても大きな影響を与えることになります。したがって、居住用不動産の処分については事前に家庭裁判所に許可を求めなければならない仕組みになっています[注1]。

　さらに「居住用不動産」は具体的に何を指すかというと、「[注2]被後見人

注1　『成年後見人のためのQ＆A』（福岡家庭裁判所作成）
注2　『家庭裁判所における成年後見・財産管理の実務』（日本加除出版）

が現在は施設入所中であるが、入所直前まで居住していた建物、被後見人が現在は病院に入院中であるが退院後に帰る予定の建物、被後見人が近い将来転居する予定で建築(購入)した居住実績のない建物は、居住用不動産に含まれる」とされているので、親が介護施設に入所していても、実家は居住用不動産に該当することになります。

「居住用不動産の処分についての許可」の申し立てを前提にして成年後見の申し立てをすることを、個別具体的に事前に家庭裁判所と協議して進めていく必要がありますが、預貯金などの流動性資産があれば、そちらを先に使うように言われて、許可はなかなか下りないものと予想されます。

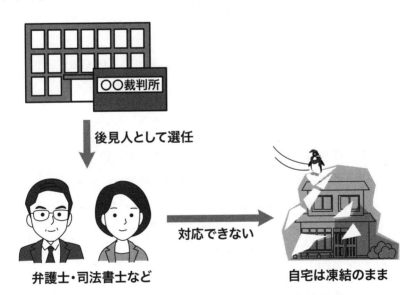

つまり、**何も防御をせずに所有者が認知症等、判断能力を喪失してしまうと、成年後見人を付けても実家の売却は非常に困難になります。**

実家信託の活用ポイント

　大介さんは父博さんが元気な間に、実家が空き家にならないよう防御するため実家信託の仕組みやメリットを説明し、実家信託を導入することにしました。実家信託を利用するにあたっては、以下のようなポイントで進めます。

 手続き上のポイント

1. 実家の名義の確認
2. 博さんと大介さんとが実家信託契約を締結
3. 委任および任意後見契約公正証書の作成、実家信託契約書の宣誓認証
4. 所有権移転登記と信託登記を申請
5. 「信託口」の預金口座を開設
6. 信託の変更
7. 実家信託設定時および信託期間中の税務の取扱い
8. 父に相続が発生した場合の手続き
9. 実家を売却
10. 売却代金は信託口座へ入金

③ 実家信託の手続きと解説

　自分たちが元気な間は、慣れ親しんだ地域で、自宅に住み続けたいと願う親は多いと思われます。そこで親が元気で居住している間、実家は当然ながら貸したり、売ったりはしません。しかしこの時期に問題意識を持ち、実家信託を組んでおかないと、不動産の所有者に認知症や相続が発生してしまったら思いもよらない大変なことが待ち受けています。前記のとおり認知症で成年後見人をつけても実家を売ることができません。

1 実家の名義の確認

　実家の登記事項証明書を取り寄せて、実家の土地と建物は父博さんの名義になっているか念のため確認します。また、公図を取得して実家の周辺の道路部分などが私道になっていないかも確認しておくとよいでしょう。その場合には、その土地の名義も念のため確認しておきます。

　実家に住宅ローンが残っていると、金融機関の抵当権や根抵当権が記載されています。この場合には、金融機関に実家信託をする旨、説明し、理解してもらうことが必要です。というのは、ローンの際の約定で、勝手に名義変更すると期限の利益を喪失します、とされているからです。「期限の利益の喪失」とは、分割払いの権利を失ってしまうこと、つまり一括で返済せよ、ということです。信託によって、不動産の名義が父から変更になるので、ローンが残っていたら金融機関との調整が必要です。

◆現在の登記事項証明書

権利部（甲区）（所有権に関する事項）			
順位番号	登記の目的	受付年月日・受付番号	権利者その他の事項
1	所有権移転	平成〇〇年〇〇月〇〇日 第〇〇号	原　因　平成〇〇年〇〇月〇〇日売買 所有者　〇〇市〇〇　岸本博

2　博さんと大介さんとが実家信託契約を締結

（契約締結当初）

委託者兼受益者　　　受託者
岸本博　　　　　　岸本大介

大介さんは信託期間中、ずっと受託者として自らの裁量で売却可能

（博死亡時以降の受益者）

一次受益者　　　二次受益者
（亡）岸本博　　岸本文代

文代さんが次の受益者

三次受益者
岸本大介

受託者＝受益者の場合は、1年で信託が終了してしまうので注意

信託契約を締結するうえで、重要なポイントは大きく2つあります。1つ目は、当初の所有者（父博さん）が受益者となる自益信託にすること、また、2つ目は、信託終了の時を、委託者（父博）の死亡時に設定しないことです。

（1）自益信託にすることが大切

父博さんと大介さんで信託契約を結びます。信託契約を結ぶうえでの1つ目の注意点は、不動産の所有者が父博さんなので、信託して不動産が名義と財産権である受益権に分かれても、必ず受益者は父博さんにすることです。受益者を誤って母など、父博さん以外の人にしてしまうと、不動産から賃料収入などがなくても、不動産そのものを贈与したのと同じ贈与税が一括でかかってきてしまいます。

箱に入ったケーキで説明すると、信託は箱からケーキを出して受益者にケーキを渡すことなので、当初、箱に入ったケーキの所有者が父博さ

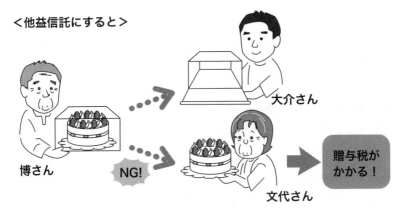

んで、信託によって、箱は大介さんへ、ケーキは母文代さんへ渡すイメージです。ケーキが賃料を発生する不動産だろうが、居住のみの実家であろうが、ケーキを渡す行為に変わりはないので、ケーキ全体の贈与があったとされて、不動産全部に贈与税がかかってきてしまいます。

（２） 父博の死亡で信託を終了させないこと

　信託契約事項の中において2つ目の重要ポイントは信託の終了をどのように設定するかということです。「信託の終了」とは箱から出したケーキを箱に戻す作業で、信託ワールドに別れを告げて、通常の所有権に戻ることです。どのような事由で信託を終了するかにおいて、「父博の死亡」を信託終了事由にはしないほうがよろしいと思います。

　なぜなら、父の死亡で信託を終了させて通常の所有権に戻す場合に、誰（母文代さん、大介さん、もしくは両方）を帰属権利者に指定しても、①瞬間凍結リスクや、②税務面でのデメリットが考えられるからです（信託終了時に所有権を取得する人を「帰属権利者」といいます）。

　一番大きなリスクは文代さんの健康状態です。

　平均寿命から考えると女性のほうが男性より10年程度長くなっているため、父死亡のときに母はまだ存命であるケースは多く、そのときに母が健康で意思能力があるかどうかはわかりません。

　それでは、死亡で信託を終了してしまった場合に考えられるリスクを説明します。

①　死亡終了の瞬間凍結リスク

　博さんの死亡により信託が終了し、帰属権利者が大介さんの場合に、あいにく文代さんが被後見人だったとします。文代さんの後見人から大介さんへ遺留分減殺請求をされる可能性は高いです。遺留分減殺の通知が大介さんに到達した時点で、不動産は母文代さんとの共有になり瞬間凍結してしまいます。もし、父博さん死亡時点で母文代さんに後見人が選任されていなくても、遺留分の時効の問題が残っています。「減殺の請求権は、遺留分権利者が、相続の開始および減殺すべき贈与または遺贈があったことを知ったときから１年間行使しないと

きは、時効によって消滅する。相続開始のときから十年を経過したときも、同様とする」(民法1042条)。つまり、認知症で判断能力を失ってしまった母文代さんは遺留分減殺請求の権利を「知ることができない」ので、1年の短期時効は開始しません。成年後見人をつけない場合には、相続開始を開始としたときから10年経過しないと時効にはなりません。その10年の間に成年後見人が選任されれば、「知ってから1年以内」が適用されることになり、遺留分の請求がなされる可能性が高くなります(民法158条)。

では遺留分を侵害しないように、帰属権利者を母単独にするか、もしくは大介さんと母でそれぞれ2分の1ずつの共有にしておくとします。この場合には成年後見人から遺留分減殺請求はされませんが、凍結リスクがあります。つまり、信託の終了で不動産の名義に母の名義が入っている場合、単独はもちろんのこと、たとえわずかであっても母の共有持分があると、死亡による信託終了と同時に不動産全体が凍結してしまいます。母文代さんへ帰属したとたんに凍結するので、瞬間凍結のイメージです。売却するために成年後見人をつけて売ろうとしても、居住用不動産の処分についての許可を裁判所からもらわなくてはなりません。たぶん許可されず、売却は不可能になるでしょう。

② 死亡終了の税務面でのデメリット

父博さんの死亡と同時に信託が終了して、所有権が大介さんに移転する場合の税務上のデメリットは、父の遺産で大きな割合を占めるであろう実家において「小規模宅地等の特例」や「配偶者控除」が使えないということです。平成27年1月1日以降に発生した相続税の基礎控除[注3]が以前の6割と急激に下がってしまったため、都市にある実家を相続する方は相続税の心配も出てきます。そこで、相続で「小規模宅地等の特例(69ページ参照)や「配偶者控除」(68ページ参照)を使

注3 「No.4152 相続税の計算」国税庁HP

うことは大きな意義があります。

　さらには、大介さんが実家を売却したときも大きなデメリットが生じます。「居住用財産を譲渡した場合の3,000万円の特別控除の特例（以下「3,000万円特別控除」といいます）」が使えないということです。この特例は、マイホーム（居住用財産）を売ったときは、所有期間の長短に関係なく譲渡所得から最高3,000万円まで控除ができるという特例です。もし、父親と同居していた母親が生きていて、母親が売れば3,000万円控除が使え、最高で約600万円分の税負担の差が生じます。

　このような特例や税額の軽減を受けるための適用要件、手続きについては、具体的には税務署や税理士さんに相談してください。

　上記のとおり、安易な考えで帰属権利者を大介さんなどの子どもや配偶者にしてしまって失敗しないように、信託の終了については十分な考慮が必要です。

　本書では、基本的に信託の終了は「合意による」と定め、「○○の死亡」とか「○○年間」などの期限の設定は避けるようにしています。

◆父博さん死亡によって終了する信託で実家を売却する場合

帰属権利者＼母の状態	母生存（健在）	母生存（認知症）
大介さん	＊実家の不動産に配偶者控除が使えない。 ＊3,000万円控除が使えない。	＊配偶者控除、3,000万円控除ともに使えない。 ＊成年後見人が遺留分請求する可能性大。
文代さん	＊配偶者控除、3,000万円控除ともに使える。	＊売却に際し、成年後見人を付ける必要があるが、居住用不動産の処分についての許可を裁判所が出してくれない可能性が大きい。

◆ 契約書例（実家信託契約書）　　　　　（＊実際の契約書とは異なります）

実家信託契約書

収入印紙
200円

（信託の設定および目的）

第1条　委託者 岸本博（以下「甲」という）は、財産の管理・運用・処分を目的として、本信託契約第2条記載の岸本博の財産（以下「信託財産」という）を受託者 岸本大介（以下「乙」という）へ信託し、乙はこれを受託し、次のとおり信託契約（以下「本信託契約」という）を締結した。

　本信託契約の締結により、甲の判断能力が低下したとしても、さらに甲が死亡した後においても、乙が売却の必要性を認識したときに円滑に甲の自宅である信託財産を売却し、受益者の生活の安定に寄与することが委託者甲の願いである。

> ＜解説＞
> 今回の実家信託は実家の「処分となる売却」が大きな目的なので、目的に「処分」を入れないと売却はできなくなってしまいます。信託は、委託者の判断能力の低下後、さらに相続後においても委託者の意思が継続して実現できる制度ですので、「信託の目的」は肝（キモ）と言えます。委託者の意思を十分に表現することが必要です。ここでは、母文代さんの生活の安定も父博さんの願いなので「博さんの生活の安定」ではなく、博さんが亡くなったのちの受益者である文代さんも含めて「受益者の生活の安定」としています。

（信託財産）

第2条　本契約に定める信託財産は、次の財産とする。

（1）別紙目録記載の土地および建物の所有権（以下「信託不動産」という）

（2）金銭100万円（本号および次号を以下「信託金銭」という）

（3）信託不動産の売却により得られる金銭

＜解説＞
1号で、実家売却にかかる不動産を信託財産として、別紙目録に列挙します。信託法16条によって、信託不動産の売却代金も当然信託財産に属することになりますが、解釈で争いが出ないように3号で、売却代金も信託財産になる旨、明示しています。

（受託者の義務）
第3条 受託者は、本信託契約の本旨に従い、受益者の利益のために忠実に信託事務の処理その他の行為を行い、自己の財産に対するのと同一の注意をもって信託事務を処理する。

2 受託者は、信託法37条に基づいて、本信託財産に係る帳簿、貸借対照表、損益計算書その他法務省令に定める書類を作成する。

＜解説＞
信託法29条で受託者の「善良な管理者の注意義務」が規定されていますが、信託行為に別段の定めも許容されています。家族間での信託なので、「善管注意義務」までは求めず、注意義務を軽減しています。

実家のみの信託なのですが、信託法37条1項、2項は別段の定めをしていないので、帳簿作成義務はあります。実家のみですが、1年に1回作成しておきます（105ページ参照）。

（新受託者）
第4条 信託法56条1項各号において受託者の任務が終了した場合に新受託者となるべき者は乙の妻岸本美子（住所○○市○○）とする。

> **＜解説＞**
> 実家の売却が完了する前に、受託者である大介さんに後見が開始したり、死亡したりしてしまった場合に新しい受託者を選任するには、原則は委託者および受益者の合意が必要になります（信託法62条1項）。このときに受益者等の判断能力が無くなっていると選任に支障が出てきてしまうので、大介さんの妻の美子さんを予備的な受託者として指定しています。ただ、美子さんが大介さんより先に認知症等になってしまった場合には、この条項は変更しなくてはなりません。

（信託不動産の管理・運用および処分の方法）
第5条 信託不動産の管理・運用および処分は、受託者が適当と認める方法、時期および範囲において、自らの裁量で行う。
2 受託者は、信託不動産の管理事務の全部または一部について、受託者が相当と認める第三者（以下「財産管理者」という）に委託することができる。
3 本信託財産に対する公租公課、その他の本信託財産の管理に要する費用、信託事務の処理に必要な諸費用については受益者の負担とする。
4 受託者は信託不動産に関し、必要があればすでに契約している火災保険等の損害保険契約の被保険者の変更等の手続きを速やかに行う。

<解説>
信託法2条において「受託者」とは、信託行為の定めに従い、信託財産に属する財産の管理または処分およびその他の信託の目的の達成のために必要な行為をすべき義務を負う者をいうとされていますが、実際に受託者がすべての行為を行う必要はありません。信託法28条1号で、受託者は信託行為に別段の定めがあれば信託事務の処理を第三者に委託することができる、とされているからです。本条において、第三者への委託を認めていますので、実家の管理や売却にあたり、業者にそれらの事務を任せることができ、受託者は業者への指示を行えばよいことになります。また、固定資産税などの諸費用は実家に住んでいる受益者である父博さんもしくは母文代さんに負担してもらうほうがよいかと思いましたので、こちらの規定も入れました。信託金銭をあらかじめ設定してあるので、その金銭からの支出も可能です。なお、火災保険の名義書換の有無については、保険会社によって対応が分かれると思いますので、個別の対応が必要となります。

（当初受益者）
第6条 本信託契約の当初受益者は委託者である甲とする。

<解説>
実家信託のスキームを組む場合には、委託者＝受益者となる自益信託が基本です。委託者≠受益者となる他益信託で対価を伴わない信託は、設定と同時に信託財産を贈与したものとみなされ、贈与税が課税されるからです。

（甲死亡後の受益権の取得）
第7条 甲死亡後の受益権の取得については、以下の順位のとおりとする。
（1） 第一順位として甲の配偶者岸本文代、第二順位として長男岸本大介とする。
（2） 岸本文代が甲より先に死亡したときの受益者は岸本大介とする。

> ＜解説＞
> 大介さんが父博さんの生存中に売却する場合と、売却が済んでいない2つのケースを考える必要があります。信託の目的にもその旨が明記されています。博さんの生前に売却できれば、信託口座に入金された売却代金は博さんの財産になります。博さんの生前に売却できず、受益権が「みなし相続財産」（126ページ参照）となり文代さんに移動した場合には、相続税では「配偶者控除」が使えますし、「小規模宅地等の特例」も要件を備えれば使えます。一方、不動産の名義は受託者たる大介さんですので、文代さんが認知症になっていたとしても不動産の凍結は免れることができます。このように受益者を次々と指定する、「受益者連続」の信託を組むことで財産の凍結を防止しながら、税金の控除や特例は使うことができます。死亡後の受益者を決めることが信託で可能なことは「遺言代用信託」と呼ばれている所以です。なお、文代さんが亡くなり受託者＝受益者（岸本大介さん）になると、信託は1年で終了するので注意が必要です。

（信託の変更）
第8条 受益者および受託者の合意により、本契約の内容を変更で

きる。

> <解説>
> 状況の変化に伴って、信託契約の内容を変更する必要性が出てくる可能性があります。信託法149条には詳しく信託の変更について記載されていますが、契約で別段の定めも可能です（信託法149条4項）。受益者が判断能力を失ってしまうリスクに備えて受益者代理人を選任し、受益者代理人と受託者の合意で変更する方法も考えられます。

（信託の終了）
第9条 本信託は、受益者および受託者が合意したときに終了する。

> <解説>
> 信託を死亡によって終了させるデメリットが大きいので、大介さんが確実に売却できるようにするため、受託者と受益者の合意で信託を終了できるようにしました。ただし、売却した金銭は信託金銭として信託口座に入金するので（99ページ参照）、売却後も金銭を受益者のために受託者が使えるよう、信託は継続させるほうが望ましいと考えます。

（残余財産の権利帰属者）
第10条 本信託が終了したときの帰属権利者は最終の受益者とする。

> <解説>
> 信託終了時の帰属権利者は最終の受益者にします。最終の受益者と帰属権利者が異なると受益権の移転があったものとして贈与税が発生してしまうからです。

（契約に定めのない事項）

第11条 本信託に記載のない事項は、受託者および受益者が協議のうえ決定する。

　上記契約の成立を証するため、本契約書2部を作成し、甲乙が各一部を保管する。

平成〇〇年〇〇月〇〇日

　　甲

　　委託者　〇〇市〇〇町〇〇丁目〇〇番〇〇号　岸本博　印

　　乙

　　受託者　〇〇市〇〇町〇〇丁目〇〇番〇〇号　岸本大介　印

物件目録

　　不動産の表示

　　　　所　在　　〇〇市〇〇区〇〇

　　　　地　番　　〇〇番〇〇

　　　　地　目　　宅地

　　　　地　積　　〇〇.〇〇平方メートル

　　　　所　在　　〇〇市〇〇区〇〇　〇〇番地〇〇

　　　　家屋番号　　　〇〇番〇〇

　　　　種　類　　居宅

　　　　構　造　　木造瓦葺2階建

　　　　床面積　　1階　〇〇.〇〇平方メートル

　　　　　　　　　2階　〇〇.〇〇平方メートル

3 委任および任意後見契約公正証書の作成、実家信託契約書の宣誓認証

　公正証書で委任契約および任意後見契約を締結し、実家信託契約書は公証人に宣誓認証を付してもらいます。

　委任契約公正証書は、おもに財産管理と身上監護（身の回りの契約や手続き）を委任する契約で、どのような事項をお願いするかは「代理権目録」に細かく記載して決めます。ケガや病気の療養中など、判断能力はあるが財産管理等を代理人にお願いしたい場合に使えます。

　任意後見契約は、判断能力が低下したときのためにあらかじめ、任意後見人を選んでおける制度です。任意後見人候補者は信頼できる身内にする場合が多く、裁判所が選ぶ法定後見人と異なり任意後見人の選任はご本人の意思が反映されるという大きなメリットがあります。ご本人の判断能力が低下したとされると、家庭裁判所に任意後見監督人選任の申立てがされて任意後見が開始されます。

　委任契約、任意後見契約とも、ご本人がお願いしたいことをそれぞれ代理権目録に細かく決めますので、たとえば、「○○銀行とのすべての取引」とか「証券会社、保険会社等とのすべての取引」などと規定しておきます。

　委任契約、任意後見契約、宣誓認証すべて公証人の面前で行います。もし、病気などで出向くことができない場合には公証人は出張してくれることもあります。

　委託者が将来、認知症になっても死亡しても、信託契約は継続し続けますので、その信頼性を保持するためには、委託者自らの意思で当該契約を締結したことを立証できるようにしておくことがとても大事です。信託契約書自体を公正証書にする場合もありますが、宣誓認証は簡便で、費用も1万1,000円と少額で済むため、実務では宣誓認証を付してもら

うほうが多いです。

4 所有権移転登記と信託登記を申請

　実家信託の登記をするときは、受託者への所有権移転登記申請とともに信託の登記を1つの申請書で行うことになります。

　ところで、不動産の登記は第三者対抗要件ですので、信託契約書の条項すべてを登記する必要はありません。第三者に対して主張したい事項を入れるようにします。

　実家の評価額は以下に基づいて計算します。

＊固定資産評価額　土地：1,000万円、家屋：100万円

（家屋は昭和40年築　土地と家屋合計の取得費は200万円程度）

時価　土地：1,500万円、建物：ゼロ

＜贈与と信託の流通税（登録免許税＋不動産取得税）の比較＞

（※特例や軽減なしの計算とします）

＊　贈与による流通税　　66万円

内訳　　登録免許税　　22万円

　　　　不動産取得税　　44万円

＊　信託による流通税　　4万4000円

内訳　　登録免許税　　4万4000円

　　　　不動産取得税　　なし

◆登記申請書

登記申請書

登記の目的　所有権移転および信託※1
原因　　　　平成○○年○○月○○日信託※2
権利者　　　○○市○○　岸本大介　※3
義務者　　　○○市○○　岸本博　※4
添付書類　　登記原因証明情報※5　登記済証/登記識別情報※6
　　　　　　信託目録に記録すべき情報※7
印鑑証明書　住所証明書　代理権限証書
　送付の方法により登記完了証の交付を希望します。
　　　送付先:資格者代理人の事務所あて
　送付の方法により登記識別情報通知書の交付を希望します。
　　　送付先:資格者代理人の事務所あて
平成○○年○○月○○日申請　　　　　　　　○○法務局御中

代理人　　　　　○○市○○町○○丁目○○番○○号
　　　　　　　　　　　　　　○○○○　　　　印
課税価格※8　　土　地　金1,000万円
　　　　　　　建　物　金100万円
登録免許税※9
　　　　　信託分　土　地　金3万円
　　　　　　　　　租税特別措置法72条1項による
　　　　　　　　　建　物　金4,000円
　　　　　　　　　合　計　金3万4,000円
　　　　　移転分　登録免許税法7条1項1号により非課税
不動産の表示　　略

※1　信託の登記の申請は所有権移転の登記の申請と同時にしなければならないので、登記の目的は「所有権移転および信託」となる。
※2　信託の効力が生じた日、すなわち、信託契約締結日となる。
※3　登記権利者は受託者である岸本大介。
※4　登記義務者は委託者である岸本博。
※5　権利に関する登記を申請する場合には、申請人は、法令に別段の定めがある場合を除き、その申請情報と併せて登記原因を証する情報を提供しなければならない（不登法61条）。信託契約書もしくは登記原因証明情報になる。
　　　◆登記原因証明情報には、
　　　①信託契約当事者（委託者・受託者）
　　　②対象不動産
　　　③信託契約の年月日
　　　④信託目録に記録すべき情報
　　　⑤信託契約締結の事実
　　　⑥信託契約に基づき所有権が移転したこと
　　　を内容とする。
※6　登記義務者が所有権移転の登記を受けたときの登記識別情報もしくは登記済証を提供する。今回、昭和40年に土地を購入し、建物を建築したので、そのときの登記済証となる。
※7　信託の登記を申請する場合、信託目録に記録すべき情報を記録した磁気ディスク（CD-R）の提出を行っている。テキストファイル、ワード、エクセル、一太郎で作成すればよい。
※8　課税価格として、土地・建物の登記時の固定資産課税台帳の登録価格を記載する。（本件では、固定資産評価額　土地：1,000万円、家屋：100万円）
※9　登録免許税は、所有権移転の登記分と信託の登記分の合計金額の記載になる。
　　　◆信託の登記の登録免許税
　　　原則は不動産の価額の1,000分の4の額（登法別表第一、1、（十）イ）。
　　　ただし土地に関する所有権の信託の登記の税率については、措法72条1項2号で1,000分の3に軽減されている（平成25年4月1日から平成29年3月31日まで）。
　　　所有権移転の登記の登録免許税は非課税である。

◆添付書類

登記原因証明情報は信託契約書でもよいのですが、信託目録に記録すべき内容は第三者対抗要件が必要な事項や公示してもよい事項を入れますので、登記申請する際には、信託契約書とは別に、登記原因証明情報を作成したほうがよろしいと思います。

◆登記原因証明情報

登記原因証明情報

１．登記申請情報の要項
　（１）　登記の目的　　　所有権移転および信託
　（２）　登記の原因　　　平成〇〇年〇〇月〇〇日信託
　（３）　当　事　者
　　　　　権利者(受託者)　〇〇市〇〇　岸本大介
　　　　　義務者(委託者)　〇〇市〇〇　岸本博
　（４）　不　動　産　　　別紙のとおり

２．登記の原因となる事実または法律行為
　（１）　信託契約の締結
　　　受託者岸本大介と委託者岸本大介は、平成〇〇年〇〇月〇〇日、下記「信託目録に記載すべき事項」※10を信託の内容とする民事信託契約を締結した。

記

信託目録に記載すべき事項※
　　　　　委託者に関する事項　　〇〇市〇〇　岸本博
　　　　　受託者に関する事項　　〇〇市〇〇　岸本大介
　　　　　受益者に関する事項等　〇〇市〇〇　岸本博

1、信託の目的
　委託者 岸本博（以下「甲」という）は、財産の管理・運用・処分を目的として、甲の財産（以下「信託財産」という）を受託者 岸本大介（以下「乙」という）へ信託し、乙はこれを受託し、次のとおり信託契約（以下「本信託契約」という）を締結した。
　本信託契約の締結により、甲の判断能力が低下したとしても、さらに甲が死亡した後においても、乙が売却の必要性を認識したときに円滑に甲の自宅である信託財産を売却できるようにすることが委託者甲の願いである。

2、信託財産の管理・運用および処分の方法
　1　受託者は、信託財産の維持・保全・修繕または改良および処分は、受託者が適当と認める方法、時期および範囲において、自らの裁量で行う。
　2　受託者は、信託財産の管理事務の全部または一部について、受託者が相当と認める第三者に委託することができる。
　3　本信託財産に対する公租公課、その他の本信託財産の管理に要する費用、信託事務の処理に必要な諸費用については受益者の負担とする。

3、信託の終了事由
　本信託は、受益者および受託者が合意したときに終了する。

4、その他の信託条項
　1　受託者は、本信託契約の本旨に従い、受益者の利益のために忠実に信託事務の処理その他の行為を行い、自己の財産に対するのと同一の注意をもって信託事務を処理する。
　2　信託法56条1項各号において受託者の任務が終了した場合に新受託者となるべき者は岸本美子とする。
　3　甲死亡後の受益権の取得については、以下の順位のとおりと

する。
　(1)　第一順位として甲の配偶者岸本文代、第二順位として長男岸本大介とする。
　(2)　岸本文代が甲より先に死亡したときの受益者は岸本大介とする。
4　受益者および受託者の合意により、本契約の内容を変更できる。
5　本信託が終了したときの帰属権利者は最終の受益者とする。
6　本信託に記載のない事項は、受託者および受益者が協議のうえ決定する。

平成○○年○○月○○日　　　　　　　　　　○○法務局御中

　　　　　上記の登記原因のとおり相違ありません。

委託者　○○市○○町○○丁目○○番○○号　岸本博　　印
受託者　○○市○○町○○丁目○○番○○号　岸本大介　印

※10　信託目録に記載する事項は、
1　委託者に関する事項
2　受託者に関する事項
3　受益者に関する事項等
4　信託条項
　　①信託の目的
　　②信託財産の管理方法
　　③信託の終了の事由
　　④その他の信託の条項

第2章 「実家信託」で実家を売却する！

◆登記記録例

権利部（甲区）（所有権に関する事項）			
順位番号	登記の目的	受付年月日・受付番号	権利者その他の事項
1	所有権移転	平成○○年○○月○○日 第○○号	原因　平成○○年○○月○○日売買 所有者　○○市○○ 　　　　岸本博
2※11	所有権移転	平成○○年○○月○○日 第○○号	原因　平成○○年○○月○○日信託※13 受託者　○○市○○ 　　　　岸本大介※14
	信　託※12	余　白	信託目録第1号※15

信託目録		調　製	余　白
番　号	受付年月日・受付番号	予　備	
第1号	平成○○年○○月○○日 第○○号	余　白	
1 委託者に関する事項	○○市○○　岸本博		
2 受託者に関する事項	○○市○○　岸本大介		
3 受益者に関する事項等	受益者　○○市○○　岸本博		
4 信託条項※16	1、信託の目的 　委託者 岸本博（以下「甲」という）は、財産の管理・運用・処分を目的として、甲の財産（以下「信託財産」という）を受託者 岸本大介（以下「乙」という）へ信託し、乙はこれを受託し、次のとおり信託契約（以下「本信託契約」という）を締結した。 　本信託契約の締結により、甲の判断能力が低下したとしても、さらに甲が死亡した後に		

おいても、乙が売却の必要性を認識したときに円滑に甲の自宅である信託財産を売却できるようにすることが委託者甲の願いである。

2、信託財産の管理・運用および処分の方法

　　1　受託者は、信託財産の維持・保全・修繕または改良および処分は、受託者が適当と認める方法、時期および範囲において、自らの裁量で行う。

　　2　受託者は、信託財産の管理事務の全部または一部について、受託者が相当と認める第三者（以下「財産管理者」という）に委託することができる。

　　3　本信託財産に対する公租公課、その他の本信託財産の管理に要する費用、信託事務の処理に必要な諸費用については受益者の負担とする。

3、信託の終了事由

　本信託は、受益者および受託者が合意したときに終了する。

4、その他の信託条項

　　1　受託者は、本信託契約の本旨に従い、受益者の利益のために忠実に信託事務の処理その他の行為を行い、自己の財産に対するのと同一の注意をもって信託事務を処理する。

　　2　信託法56条1項各号において受託者の任務が終了した場合に新受託者となるべき者は岸本美子とする。

　　3　甲死亡後の受益権の取得については、以下の順位のとおりとする。

（1）第一順位として甲の配偶者岸本文代、第二順位として長男岸本大介とする。

（2）岸本文代が甲より先に死亡したとき

	の受益者は岸本大介とする。 4　受益者および受託者の合意により、本契約の内容を変更できる。 5　本信託が終了したときの帰属権利者は最終の受益者とする。 6　本信託に記載のない事項は、受託者および受益者が協議のうえ決定する。

※11　所有権移転と同時に信託の登記を申請したため、登記官は権利部の相当区に一の順位番号を用いて記録しなければならない（不登規175条1項）。
※12　所有権移転と同一の順位番号に登記の目的は「信託」と記録される。
※13　原因は、「平成〇〇年〇〇月〇〇日信託」と記録される。
※14　権利者の表記は「受託者」と記録され、「所有者」ではない。
※15　信託に関する内容については、信託目録で公示されるため、甲区欄には信託目録の番号のみ記録される。なお、信託目録の目録番号は不動産ごとに異なる目録番号が付される。
※16　上記以外の信託の登記の登記事項を明らかにするために、信託条項には第三者対抗要件が必要な事項あるいは公示してもよい事項を記録する。

5　「信託口」の預金口座を開設

　実家売却後の金銭も信託財産を形成しますので、受託者は分別して管理しなくてはなりません（信法34条1項）。信託契約に管理の方法を定めた場合にはそれに従いますが、特に定めていない場合には、「その計算を明らかにする方法」で管理すればよいとされています（信法34条1項2号ロ）。

　実家売却のスキームでは、大介名義の個人口座とは明確に区別できるように「委託者兼受益者岸本博　受託者岸本大介　信託口」、「受託者岸本大介　信託口」等の名称で信託口座を金融機関で開設してもらいます。

　ところで、岸本大介名義の個人口座を信託口座と自分で決めて、委託者の預金口座を解約して、岸本大介名義の口座に入金して管理することは避けたほうがよいでしょう。外形的に岸本大介個人の財産と信託財産が分別されていないので、信託預金と思っていた金銭が大介さん個人の

預金として扱われ、贈与税の課税対象となってしまったり、また大介さんに相続が発生したときなど、問題を残すことになるでしょう。

　信託口座を開設してもらうと、受託者である大介さんが名義人として預金の管理をすることができます。金融機関での本人の意思確認が厳しいため、出金や振り込み手続きで、親の代わりに子どもが金融機関の窓口へ行くと、「ご本人様ご自身が窓口にいらしてください」と断られることが多くなりました。本人の意思のないところで、他人が通帳と印鑑を持ち出して、勝手に預金を引き出してしまっては本人の財産を守ることできないので、必要な対応だと思います。ただ、本人が入院等で窓口に行けなかったり、本人の意思がかなり減退してしまった場合に、医療費などの必要な金銭も下ろせなくなるのはとても困ります。

　信託では、本人が元気な間に、たとえば「受益者の健全たる生活環境保持のために必要な生活費、医療費」などと信託の目的をきっちりと定めます。そして、本人の信託された金銭は、このような場面でこのように使って欲しいと、具体的に受託者に頼んでおきますので、たとえご病気になられても、お亡くなりになってもご本人様のご意思はずっと継続されます。そしてその書面も残されています。それが信託契約書です。ですので、公証人さんにもご協力いただき、「宣誓認証」や「公正証書」の書面に残すことで、公証人さんが委託者の意思を証明してくれる心強い制度を後ろ盾にすることができるのです。

6　信託の変更

　今回、大介さんは信託のメリットを知ることで、父博さんや将来の受益者文代さんの生活費や医療費の支出も考慮して金銭も追加で信託して、信託口座に入金することにしました。このときは、父はまだ元気でしたので、信託契約第8条に基づき、受託者大介さんと受益者博さんで信託変更契約証書を作成しました。

父博さんの信託財産が多い場合には、大介さんへ受益権を一部、生前贈与することで相続税の対策をすることも可能です。資産のバランスや相続税の対策など、法務と税務を考えた設計が大切になります。

　変更契約書作成の場合も必要であれば宣誓認証や確定日付の措置を施しておくと、その書面の存在をより確実にすることができます。

　また、信託されない財産は、何も対策を取らずに相続をむかえると遺産分割の対象になってしまい、母文代さんの判断能力の程度によっては、遺産分割協議ができなくなってしまいます。信託していない財産については、遺言や死因贈与、遺言信託などを組みこんで、漏れのないようにしておくことも必要です。

◆信託変更契約証書

信託変更契約証書

　　甲　　受益者　岸本博
　　乙　　受託者　岸本大介

　甲と乙は、平成○○年○○月○○日付委託者岸本博受託者岸本大介における実家信託契約（平成○○年○○月○○日登簿第○○号、東京都○○区○○丁目○○番○○号東京法務局所属公証人○○認証、以下、「本契約」という）において、本契約第8条に基づき、本契約第2条は以下のとおり変更し、第5条の2を以下のとおり追加することに合意した。

記

1．変更前
（信託財産）

第2条 本契約に定める信託財産は、次の財産とする。
（1） 別紙目録記載の土地および建物の所有権（以下「信託不動産」という）
（2） 金銭100万円（本号および次号を以下「信託金銭」という）
（3） 信託不動産の売却により得られる金銭

2．変更後
（信託財産）
第2条 本契約に定める信託財産は、次の財産とする。
（1） 別紙目録記載の土地および建物の所有権（以下「信託不動産」という）
（2） 金銭1,000万円（本号および次号を「信託金銭」という）
（3） 信託不動産の売却により得られる金銭

（信託金銭の管理・運用および処分の方法）
第5条の2 受託者は、次の方法により信託金銭を管理・運用および処分する。
（1） 受託者は、信託金銭を自らの固有財産とは分別して管理する。
（2） 受託者は、信託金銭から、信託不動産に関する公租公課・修繕費・火災保険料・財産管理者への手数料・司法書士報酬・税理士報酬・弁護士報酬その他信託不動産の維持管理に必要な一切の費用を支出することができる。
（3） 受託者は、信託金銭を受益者において相続が発生したときの相続税の納付、不動産等の購入、建築物の建設、老朽化した不動産の処分および解体等、受託者が適切と認める資産継承に資する行為のために用いることができる。

（4） 受託者は、信託金銭を受益者の健全たる生活環境保持のために必要な生活費や医療費等、受益者の身上配慮のために使うことができる。

7 実家信託設定時および信託期間中の税務の取扱い

（1） 信託設定時

　受益者である父博さんが、信託されている実家を有するものとみなすので、課税の主体は移動していません。売買や贈与ですと、登録免許税（2%）、大介さんに不動産取得税（3〜4%）、贈与税や譲渡益課税もされますが、自益信託ですと、不動産の名義変更にかかるのは、登録免許税0.4%のみで、不動産取得税はかかりませんし、譲渡益課税もありません。

　なお、信託設定時の受託者の義務として、原則は、契約の日の属する月の翌月末日までに「信託に関する受益者別調書」「信託に関する受益者別調書合計表」を税務署に提出しなければなりませんが（相法59条2項）、下記の場合には提出の必要はありません。

> 1．受益者別に当該信託の信託財産の相続財産の相続税評価額が50万円以下（相規30条3項1号）
> 2．委託者と受益者が同一である場合（相規30条3項5号二（1））

　つまり、実家信託ではほとんどのケースにおいて2．の「委託者と受益者が同一である場合」、すなわち自益信託なので、信託設定時には税務署に提出する書類は原則ありません。

（2） 信託期間中の義務

　信託の受託者である大介さんは、信託計算書を、毎年1月31日ま

でに税務署長に提出しなければなりません（所法227条、所規別表七（一））。ただし、各人別の信託財産に帰せられる収益の額の合計額が3万円以下であるとき（一定の場合を除きます）は、信託計算書の提出は必要ありません（所規96条2項）。すなわち、一部を賃貸している実家は別ですが、原則、実家を信託するには信託計算書の提出も必要ありません。

（3） 決算書類の作成義務

　実家のみなので、金銭の出入りは固定資産税程度ですが、信託法で規定されているので、作成します。以下に決算書例をお示しします。

◆決算書例

受益者岸本博様

平成○○年○○月○○日

信 託 貸 借 対 照 表

(単位：円)

資産の部

【流動資産】
　普通預金　　　9,900,000
　流動資産計　　9,900,000

【固定資産】
（有形固定資産）
　建　物　　　　1,000,000
　土　地　　　10,000,000
　固定資産計　11,000,000

　資産の部計　20,900,000

純資産の部

　信託拠出金　　21,000,000
　未処理金損失　　　100,000
　剰余金計　　　20,900,000

信託損益計算書および剰余金計算書

【信託費用】
　租税公課　　　100,000
　当期損失　　　100,000
　次期繰越損失　100,000

　※ 自宅なので減価償却はしません

報告者
平成○○年○○月○○日　　受託者　岸本大介　印

受益者島本達也様

8 父に相続が発生した場合の手続き

　大介さんは週末に実家に帰り、父を見舞い、実家で独りになった母を元気づけていました。しかし、母は寂しさのためか軽度の認知症を発症し始めていました。そして、父博さんは数カ月の闘病の末、亡くなりました。

　もし、実家信託をせず、遺言書も作成していない場合に母の認知症が進んでいたら、実家の名義は法定相続により母と大介さんの共有名義となって凍結するか、もしくは遺産分割協議のために裁判所へ母の後見人申し立てをしなければなりませんでした。

　大介さんはすでに実家を受託者大介さん、委託者兼受益者博さんとして、実家信託していましたし、父博さんの預金も信託口座へ入金して管理していましたので、預金口座も博さんの死亡で凍結することなく、入金費用や葬式費用等の支払いに充てることができました（ただし、金融機関によって取り扱いが異なる場合もあるので、委託者死亡時の対応を確認し、凍結を防止することが必要です）。

【信託期間中に父博が亡くなったときの受託者の業務】

(1)　税務について

　税務では、「適正な対価を負担せずに新たに当該信託の受益者等が存するに至つた場合……には、……当該信託の受益者等となる者は、当該信託に関する権利を当該信託の受益者等であつた者から贈与（当該受益者等であつた者の死亡に基因して受益者等が存するに至つた場合には、遺贈）により取得したものとみなす。」(相法9条の2第2項)と規定されています。そこで、当該信託の信託受益権は相続により承継されたものではありませんが、相続財産とみなして課税関係を解釈していくことにな

ります。

　設例の実家信託契約では、母文代さんが父博さん死亡後の実家に関する受益権を取得する旨の記載があるので、当該受益権は母文代さんが相続した財産とみなされます。

① 信託受益権の評価＝所有権の評価（相続税の評価）

　母文代さんが取得した信託受益権は、要件を満たせば、「小規模宅地等の特例」や「配偶者控除」が使えます。

　相続税申告書の第11表（次ページ参照）の、「種類」は「その他の財産」で、「細目」は、「信託受益権（土地）」や「信託受益権（家屋）」などと記載します。評価額は通常の所有権と同じです。

　受益者が母文代さんに変更になるので、受益者の変更（相続の発生）が生じた日の属する月の翌月末日までに「信託に関する受益者別調書」「信託に関する受益者別調書合計表」を税務署に提出しなければなりません（相法59第2項）。

　「信託に関する受益者別調書」の「（摘要）欄」には下記事項を記載することになりますが、記載事項が多くスペースが足りませんので、別紙に詳細を記載したり、信託契約書の写しを添付するとよいでしょう

　　㋑　受益者連続型信託の場合

　　　その旨、その条件およびその期限ならびに新たに信託に関する権利を取得する者の名称または氏名および所在地または住所もしくは居所

　　㋺　残余財産受益者または帰属権利者の定めがある場合

　　　その旨、これらの者の名称または氏名および所在地または住所もしくは居所ならびに法人番号または個人番号

　　㋩　受益者変更で調書を提出するとき

　　　変更前(終了直前)の受益者の名称または氏名および所在地または

住所もしくは居所

◆相続税申告書（第11表）

相続税がかかる財産の明細書
（相続時精算課税適用財産を除きます。）

被相続人　岸本　博

第11表（平成21年4月分以降用）

この表は、相続や遺贈によって取得した財産及び相続や遺贈によって取得したものとみなされる財産のうち、相続税のかかるものについての明細を記入します。

遺産の分割状況	区　　分	1 全部分割	2 一部分割	3 全部未分割
	分割の日	・　・	・　・	・　・

財産の明細							分割が確定した財産		
種類	細目	利用区分、銘柄等	所在場所等	数量 固定資産税評価額	単価 倍数	価額	取得した人の氏名	取得財産の価額	
その他の財産	信託受益権（土地）	自用地（居住用）	○○市○○		円	円	岸本文代	○○ 円	

◆信託に関する受益者別（委託者別）調書

信託に関する受益者別（委託者別）調書

受益者特定委託者又は委託者	住所（居所）	○○市○○町○○丁目○○番○○号	氏名又は名称 個人番号又は法人番号	岸本文代
			氏名又は名称 個人番号又は法人番号	
	所在地	○○市○○町○○丁目○○番○○号	氏名又は名称 個人番号又は法人番号	岸本　博

信託財産の種類	信託財産の所在場所	構造・数量等	信託財産の価額
建物	○○市○○町○丁目○○番○○号	100㎡	1,000,000

信託に関する権利の内容	信託の期間	提出事由	提出事由の生じた日	記号番号
	自 至	相続	平成○○・○○・○○	

（摘要）　別紙添付契約書記載のとおり

（平成　年　月　日提出）

受託者	所在地又は住所（居所）	○○市○○町○○丁目○○番	（電話）
	営業所所在地等		（電話）
	名称又は氏名	岸本大介	
	法人番号又は個人番号		
	整理欄	①	②

○個人番号又は法人番号（12桁）を記載する場合には、右詰で記載します。

◆信託に関する受益者別(委託者別)調書合計表

(表：信託に関する受益者別(委託者別)調書合計表。受益者変更の行に 提出枚数2、受益者数2、特定委託者数1、信託財産の価額○○○○ と記載。代表者氏名欄に「岸本大介」。)

② 登記、法務について

　受益者が死亡しましたが、不動産の名義は受託者である大介さんのまま変わりませんので、いわゆる相続による不動産の所有権移転登記の手続きは不要です。

　信託契約で死亡後の受益者の順位を決めてあるので、配偶者の文代さんに変わります。受益者は変わるので、変更の登記申請は必要です。

　博さんから文代さんへ死亡を原因として、信託目録の「受益者の変更」を申請します。この不動産登記にかかる登録免許税は不動産１筆につき1,000円です。

◆登記申請書

登記申請書

登記の目的　　　受益者変更※1

原　因　　　　　平成○○年○○月○○日　岸本博死亡※2

変更後の事項　　受益者変更

　　　　　　　　受益者に関する事項等

　　　　　　　　○○市○○　岸本文代　※3

申請人　　　　　○○市○○　岸本大介　※4

添付書類※5　　 登記原因証明情報※6　　代理権限証書※7

平成○○年○○月○○日申請　　　　　　　　　○○法務局御中

代理人　　　　　○○市○○町○○丁目○○番○○号

　　　　　　　　　　　　　　　○○○○　　　印

　　　登録免許税※8　　金2,000円

不動産の表示　　略

※1　登記の目的は、信託目録の受益者に関する事項等欄の受益者の変更の登記である。
※2　登記原因日付は当初受益者の死亡日で、原因は【当初受益者名】死亡とする。
※3　変更後の事項は、次順位の受益者の住所と氏名を記載する。
※4　申請人として受託者を記載する。
※5　添付書類に登記識別情報や登記済証は不要
※6　登記原因証明情報は、当初受益者が亡くなった記載のある戸籍謄本
※7　受託者から司法書士への登記申請代理を委任する委任状
※8　信託の変更による登録免許税は、不動産1個につき1,000円

◆委任状

委 任 状※7

　私は、司法書士○○　を代理人と定め、次の登記申請に関する一切の権限を委任します。

記

1．不動産の表示　　後記のとおり
1．登記の目的　　　受益者の変更
1．原　　　因　　　平成○○年○○月○○日岸本大介死亡
1．変更後の事項　　受益者変更
　　　　　　　　　受益者に関する事項等
　　　　　　　　　○○県○○市　○○丁目○○番○○号
　　　　　　　　　　岸本文代
1．申　請　人　　　○○県○○市　○○丁目○○番○○号
　　　　　　　　　　○○　○○

　　年　月　日
　　　住　　所　　　○○県○○市　○○丁目○○番○○号
　　　氏　　名　　　岸本大介

不動産の表示および信託目録の表示
　　　略

◆**登記記録例**

権利部(甲区)(所有権に関する事項)			
順位番号	登記の目的	受付年月日・受付番号	権利者その他の事項
1	所有権移転	平成○○年○○月○○日 第○○号	原因 平成○○年○○月○○日売買 所有者 ○○市○○ 岸本博
2	所有権移転	平成○○年○○月○○日 第○○号	原因 平成○○年○○月○○日信託 受託者 ○○市○○ 岸本大介
	信託	余白	信託目録第1号

信託目録		調製	余白
番号	受付年月日・受付番号	予備	
第1号	平成○○年○○月○○日 第○○号	余白	
1 委託者に関する事項	○○市○○　岸本博		
2 受託者に関する事項	○○市○○　岸本大介		
3 受益者に関する事項等	受益者　○○市○○　岸本博 受益者変更 平成○○年○○月○○日　第○○○○号 原因　平成○○年○○月○○日岸本博死亡 受益者　○○市○○　岸本文代		
4 信託条項	1、信託の目的 　　略		

9 実家を売却

　岸本博さんが亡くなり、母文代さんは心の支えを失って、実家での一人暮らしも限界になってきました。そこで、文代さんも施設でお世話になることになりました。幸い、大介さんは受託者として信託で不動産を大介さん名義に変えていたので、母文代さんの健康状態に左右されずに売却先の選定や手続きなど、すべて受託者である大介さんが行うことができました。大介さんは事前に実家の売却に向けて情報を集めていたため、実家の買い手（小林孝さん）もスムーズに見つけることができ、無事に売却を終えることができました。もし、実家信託をしていなかったら、売却は不可能だったでしょう。

　ところで、実家を売却すると、信託はどのようになるでしょう？

　信託不動産を売却すると信託は終了するのではないか、という質問を受けますが、信託不動産の売却だけでは自動的には信託は終了しません。岸本さんの信託契約書では信託の終了事由は「受益者および受託者の合意」と規定しています。信託不動産を売却したら、財産は不動産から売却代金へと形を変えることになります（信法16条1号）。したがって、信託不動産は信託金銭へと変更になります。

（1）　税務について

　受託者の大介さんが不動産を売却しましたが、受益者たる文代さんに譲渡益が発生するので、文代さんが確定申告をして所得税を納めることになります。なお要件を満たせば文代さんにおいて、「3,000万円の特別控除」が使えることになります。

　文代さんの譲渡益も信託金銭によるものですので、文代さんの確定申告も受託者が申告することになります。

（2） 法務と登記について

　不動産を売却する際の登記は所有権移転登記を申請しますが、信託財産の処分となるので買主へ渡る不動産は信託財産ではなくなります。そこで、信託登記の抹消をする必要も出てきます。信託不動産が信託財産に属しないこととなった場合における信託の登記抹消の申請は、所有権移転登記と信託登記抹消の申請とを同時に行わなければなりません。なお、所有権移転登記の登記申請は買主を登記権利者、売主を登記義務者とする共同申請ですが、信託の登記の抹消は、受託者が単独で申請することになり、それらの登記を一つの申請で行うことになります（不登法104条）。

◆登記申請書

登記申請書

登記の目的　所有権移転および信託登記抹消※1
原　　因　　所有権移転　平成○○年○○月○○日売買※2
　　　　　　信託登記抹消　信託財産の処分
権利者　　　○○市○○　小林孝※3
義務者（信託登記申請人）
　　　　　　○○市○○　岸本大介※4
添付書類　　登記原因証明情報※5　登記識別情報※6
　　　　　　印鑑証明書　住所証明書　代理権限証書
　送付の方法により登記完了証の交付を希望します。
　　送付先：資格者代理人の事務所あて
　送付の方法により登記識別情報通知書の交付を希望します。
　　送付先：資格者代理人の事務所あて

第2章 「実家信託」で実家を売却する！

平成〇〇年〇〇月〇〇日申請　　　　　　　　　〇〇法務局御中

代理人　　　　〇〇市〇〇町〇〇丁目〇〇番〇〇号
　　　　　　　　　　　　　　　〇〇〇〇　　　印
課税価格※7　　土　地　金1,000万円
　　　　　　　建　物　金100万円
登録免許税※8　合　計　金17万2,000円
　　　　　　　移転分　土　地　金15万円
　　　　　　　　　　　租税特別措置法第72条第1項による
　　　　　　　　　　　建　物　金2万円
　　　　　　　抹消分　金2,000円
不動産の表示　　　略

※1　登記の目的は「所有権移転および信託登記抹消」として、信託不動産の処分による所有権移転と信託登記の抹消を同時に申請する旨を記載する。
※2　所有権移転と信託登記の抹消の二つを同時申請するため、登記原因にも両方を記載する。所有権移転の日付は、売買を原因として売買契約成立日となる。また、信託登記抹消は信託不動産の処分によるため、原因は「信託財産の処分」となる。
※3　登記権利者は不動産の買主である小林孝さんとなる。
※4　登記義務者兼信託登記申請人として所有権登記名義人の受託者大介さんを記載する。
※5　権利に関する登記を申請する場合には、登記原因を証する情報を提供しなければならない（不登法61条）ため、信託契約に基づいて売買したことを明らかとした登記原因証明情報になる。次項参照。
※6　登記義務者が所有権移転の登記を受けたときの登記識別情報もしくは登記済証を提供する。実家の土地および建物を信託したときに発行される登記識別情報になる。
※7　課税価格として、土地・建物の登記時の固定資産課税台帳の登録価格を記載する。
※8　登録免許税は、所有権移転の登記分と信託登記の抹消分の合計金額の記載になる。
　　◆売買の登記の登録免許税
　　原則は不動産の価額の1,000分の20の額（登法別表第一、1、（二）ハ）。ただし土地に関する売買の所有権移転登記の税率については、租税特別措置法72条1項1号で1,000分の15に軽減されている。
　　◆信託の登記抹消の登録免許税は、不動産1個につき1,000円（登法別表第一、1、（十五））。

◆添付書類（登記原因証明情報）

登記原因証明情報

1．登記申請情報の要項
   （1） 登記の目的　所有権移転および信託登記抹消
   （2） 登記の原因　所有権移転　平成○○年○○月○○日売買
   　　　　　　　　　信託登記抹消　信託財産の処分
   （3） 当事者
   　　　権利者　　　　○○市○○　小林孝
   　　　義務者　　　　○○市○○　岸本大介
   （4） 不動産および信託目録の表示※1　　別紙のとおり

2．登記の原因となる事実または法律行為
   （1） 岸本大介は、平成○○年○○月○○日付で岸本博と岸本大介との間で締結された信託契約に基づく信託受託者である。
   （2） 売買契約の締結
   　　　岸本大介は、本信託契約の本旨に従い、小林孝に対し、平成○○年○○月○○日、本件不動産を売渡すことを約し、小林孝は、岸本大介に対し、その売買代金を支払うことを約した。
   （3） 所有権移転の時期の特約
   　　　本件不動産の所有権は、売主が売買代金全額を受領したときに、買主に移転する。
   （4） 特約の履行
   　　　買主小林孝は、売主岸本大介に対し、平成○○年○○月○

○日、前記売買契約に基づき売買代金全額を支払った。
（5）　所有権移転
　　　よって、本件不動産の所有権は、同日、岸本大介から小林孝に移転し、本件不動産の信託は終了した。

平成○○年○○月○○日　　　　　　　　　　　○○法務局御中

※1　不動産ごとに信託目録番号を記載する。

◆登記記録例

権利部（甲区）（所有権に関する事項）			
順位番号	登記の目的	受付年月日・受付番号	権利者その他の事項
1	所有権移転	平成○○年○○月○○日 第○○号	原因　平成○○年○○月○○日売買 所有者　○○市 　　　　岸本博
2	所有権移転	平成○○年○○月○○日 第○○号	原因　平成○○年○○月○○日信託 受託者　○○市 　　　　岸本大介
	信　託※1	余白抹消※1	信託目録第１号※1
3	所有権移転※2	平成○○年○○月○○日 第２２２号	原因　平成○○年○○月○○日売買 所有者※2　○○市 　　　　小林孝
	２番信託登記抹消※3	余　白	原因　信託財産の処分※3

信託目録		調製	余白
番　号	受付年月日・受付番号	予　備	
第1号	平成○○年○○月○○日 第○○号	信託抹消　平成○○年○○月○○日受付第222号抹消※4	
1 委託者に関する事項	○○市○○　岸本博		
2 受託者に関する事項	○○市○○　岸本大介		
3 受益者に関する事項等	<u>受益者　○○市○○　岸本博</u>		
	受益者変更 平成○○年○○月○○日　第○○○○号 原　因　平成○○年○○月○○日岸本博死亡 受益者　○○市○○　岸本文代		
4 信託条項	1、信託の目的 　委託者 岸本大介（以下「甲」という）は、財産の管理・運用・処分を目的として、甲の財産（以下「信託財産」という）を受託者 岸本大介（以下「乙」という）へ信託し、乙はこれを受託し、次のとおり信託契約（以下「本信託契約」という）を締結した。 以下、略		

※1　岸本大介へ所有権移転登記の際に登録された2番信託登記は信託財産の処分とともに消滅したため、甲区の「信託」「余白」「信託目録番号」の記録も抹消する記号（下線）を付する。

※2　売買によって所有権はXに移転したので、「所有権移転」で順位番号が新たに記録されて、原因は「平成○○年○○月○○日売買」となり、権利者の表記は「所有者」となる。

※3　信託の登記が抹消になったので、2番付記登記に「2番信託登記抹消」と記録され、原因は「信託財産の処分」になる。

※4　信託目録も抹消されるが、目録の記録すべてに抹消する記号（下線）が付されるのではなく、予備欄に「信託抹消　平成○○年○○月○○日受付第○○号抹消」とのみの記録となる。すでに抹消されている登記目録も登記事項証明書の取得の請求時に信託目録付で請求すると、過去に記録された目録すべてが付けられた状態で出力される。

10 売却代金は信託口座へ入金

不動産の登記については、信託財産である不動産は処分されますが、この信託契約では、信託は終了しません。不動産の処分によって受託者が得た金銭も当然に、信託財産に属します（信法16条1項）。

そこで大介さんは売却代金を信託口座へ入金しました。もし、信託の終了事由を「信託不動産の売却」としていたら、売却代金は権利帰属者の文代さんが受け取ることで文代さんの固有の財産（信託されていない財産）になって、文代さんの認知症が急激に進んでいたならば、売却と同時に瞬間凍結されてしまうところでした。

 ## 信託終了時の税務

信託の終了については、基本的に「受益者と受託者の合意」として、信託の終了時期を柔軟に設定できるようにしています。

実家を信託するに際して、以下の２つの場合について登録免許税と不動産取得税に違いが出てくるか比較してみます。

> １．信託の終了を実家の売却以降にせず、不動産信託の状態で信託が終了した場合
> ２．第三者へ売却して信託金銭の後、信託が終了した場合

1 不動産信託の状態で信託が終了

信託設定時における登録免許税は、通常の売買や贈与での移転では２％のところ、信託の設定では通常の登録免許税の５分の１、0.4％で

済みます。さらに不動産取得税は信託の設定には課税されません。

しかし信託を終了して普通の不動産に戻す場合、名義は受託者から残余財産受益者や帰属権利者など、信託終了時の権利者に移転します。このときの登録免許税や不動産取得税は信託設定時とは異なり、負担額は大きくなるので注意が必要です。信託終了登記に要する登録免許税は原則2％（登法別表第一、1、(二)ハ）、信託抹消の登記が不動産1筆につき1,000円になります。さらに不動産取得税は原則4％（軽減税率の適用もあります）が課税されます。

ただし、以下の例外があります。

(1) 委託者、受益者に変更がなく所有権を元に戻すとき

信託の委託者＝受益者の自益信託で、信託期間中に委託者および受益者に変更がなく、信託終了時に初めの委託者に所有権を戻す場合には登録免許税、不動産取得税ともに非課税になります。

(2) 受益者が委託者の相続人のとき

自益信託で、信託設定時から終了まで受益者の変更がなく、信託が終了したときに所有権を取得する人（帰属権利者）が委託者の相続人のときは、相続の登録免許税が適用になるので、登録免許税は0.4％で、不動産取得税は非課税です。ただし、信託の終了時が相続開始日に限定されるのか、相続が開始日以降に信託が終了して、終了時の帰属権利者が相続人であれば、この軽減措置が適用になるのかは明確にはされていません。

2 第三者へ売却した後、信託が終了

今回の事例のように、信託不動産の状態で第三者に売却しても、信託は終了せず、金銭信託へ移行するケースにおいては、通常の売買におけ

る税金の負担とほとんど等しくなり、信託不動産の売却における税務上のデメリットはほとんどありません。

　信託していない不動産の売買においては、買主側が登録免許税（原則2％）と不動産取得税（原則4％）を負担しているのが慣例です。売主側の売買における流通税（登録免許税や不動産取得税の総称）の負担はありません。

　信託不動産も同様で、買主側が流通税を負担します。受託者である売主側の負担は、信託登記抹消にかかる登録免許税が1筆あたり1,000円かかるに過ぎません。

　所有権移転と信託登記抹消の登記は1つの申請で行うので（116ページ参照）、登記の申請数が抹消分、増えることもありません。

　近い将来か遠い将来かは別にしても実家の売却を前提としている実家信託では（ほとんどのケースが、売る時期がきたら売ることになるのではないかと思いますが）、信託不動産のまま売却するほうが余計な税金を支払わずに済むメリットがあります。

⑤ まとめ

　岸本家では、実家信託で実家を防御することで認知症や相続などの心配をせずに、円滑に実家を売却することができました。

　いつ信託が終了するのだろうかと不安な方がいらっしゃるかもしれません。当該契約書では「受託者と受益者の合意」で終了すると規定しています。しかし、信託不動産を売却し売却代金も当然に信託金銭になり信託口座に入金されることで、売買代金も同様に凍結を防止できます。その金銭は受益者のために使うことができます。父博さんの希望から考

えると、信託の終了は大介さんが博さんと文代さんをしっかりと見送って、その後の葬儀や法要に信託金銭を支出した後になると思います。

　第2章では、信託した実家の売却例をご紹介しましたが、このご家族の実家信託はあくまで基本形です。売却にこだわることはありません。実家信託することで、売却はもちろんのこと、リフォーム・修繕・担保権の設定・賃貸など、実家の「管理や運用、処分」にまつわる委託者が望むことを受託者が叶えることができます。

　第3章以降では、実家の建替えや賃貸など、実家信託の様々な活用法をご案内していきます。

第3章

「実家信託」で実家を建て替える!

> 事例2 | 親が賃貸不動産を持っている小川圭一さん（仮名）の場合

【建替えに関する事例】

　小川圭一（仮名）さんは都心に土地と木造築50年の店舗兼住居である実家があり、母敬子さん（80歳）が夫である小川武史（故人）さんから相続して所有しています。敬子さんは自分が代表取締役を務める不動産管理会社株式会社クリーク（仮名）を利用して、今までは積極的に不動産管理をしていました。敬子さんは現在の段階では話もできますし判断能力はありますが、最近は年のせいか元気がなくなり、体力もなくなっているため外出が億劫になってきたようです。

　昨年来、テナントから店舗の建替えの希望がきています。敬子さんはテナントの望みを叶えたいのですが、自分の健康も気になっており、なかなか踏ん切りがつきません。もし、新築の計画段階で敬子さんの判断能力が失われてしまったら、工事が進まず融資も途中でストップしてしまう怖れがあります。圭一さんが債務者となって実家に担保をつけて融資を受けようかと考えましたが、敬子さんが債務者ではないため、相続税の債務控除にならず、将来の相続税の支払いの可能性を考えると二の足を踏みます。

　圭一さんは、敬子さんが債務者となってローンを組めれば相続税対策にもなるので、建て替えをして欲しいと希望しています。敬子さん、圭一さん、次男の順二さんは仲が良く、独身で海外赴任が長い順二さんは圭一さんが親をみてくれていることに感謝しています。

　敬子さんは不動産と会社の株式、預貯金の一部は圭一さんへ継がせて、順二さんへは預貯金の一部を相続させようと思っています。

第3章 「実家信託」で実家を建て替える！

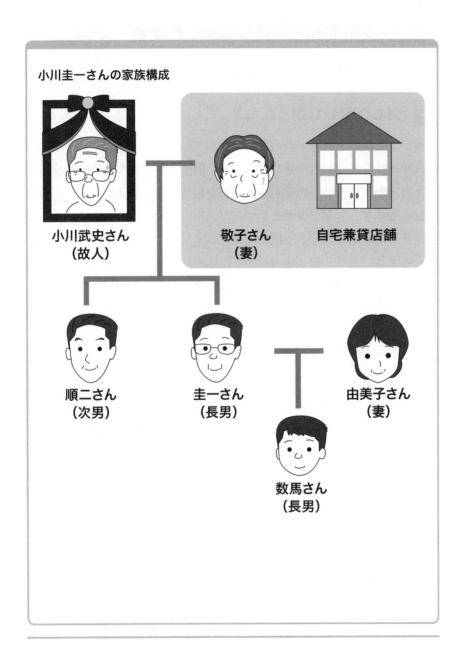

実家信託を活用しなかった場合

1 何も防御しなかったら？

　敬子さんはテナントからの要請があっても、なかなか動くことができず、圭一さんも必要性を感じながらも、敬子さんの代理で情報は集めていましたが、敬子さんの健康状態に不安があり、建替えに向けて積極的に話を進めることができませんでした。

　圭一さんは何もしないで様子をみていましたが、敬子さんは家に閉じこもるようになり、認知能力が徐々に低下してしまいました。判断能力がかなり減退してしまったので介護施設でお世話になることになりました。

2 何もしなかった結果は？

　その後、敬子さんは判断能力がかなり低下してしまい、店舗の建替えにかかる契約一切はできなくなりました。テナントは、建替えができないことがわかると他に物件を探して出て行ってしまいました。新しいテナントとの契約もできず、結局、店舗兼実家は空き家になってしまいました。圭一さんは敬子さんの介護費用を負担するのに頭を悩ませています。

3 成年後見制度を使った場合

（1）　成年後見人の選任

　敬子さんはすでに判断能力を失ってしまっているため、このままでは

店舗における契約一切の手続きができません。裁判所に成年後見人を選任してもらいました。

（２）　成年後見人で建替えが可能か？

　成年後見人は実家兼店舗の建替えはできるでしょうか？　通常、建替えを行う資金を調達するには不動産を担保に入れて金融機関から融資を受けることが多いですが、成年後見人といえども勝手に実家の土地に抵当権を設定したり融資を受けたりすることはできません。成年後見人は、「成年被後見人に代わって、その居住の用に供する建物またはその敷地について、売却、賃貸、賃貸借の解除または抵当権の設定その他これらに準ずる処分をするには、家庭裁判所の許可を得なければならない（民法859条の3）」からです。

　実家は店舗と住居を兼ねていても「居住用不動産」に該当します。店舗の建て替えのために敬子さんを債務者として融資を受け、抵当権等を設定しようとしても、原則、裁判所は許可しないと思われます。成年後見人は被後見人の財産を減らすようなことはできないからです。

　もちろん、家族が債務者となって敬子さんの不動産に担保をつけて融資を受けることは、敬子さんの財産に対して潜在的なリスクをもたらす行為なので不可能です。

（３）　敬子さんに相続が開始

　敬子さんは数年におよぶ入院生活ののちに亡くなりました。その間、テナントは退去して家賃が入らなくなってしまったため、敬子さんの入院費用が不足してしまいました。このような状態になって、ようやく成年後見人が裁判所の許可を得て、実家の不動産を売却し、その売却代金を入院費用に充てました。

　敬子さんが元気な間に建替えの意思を確認して、融資を受けて建替え

を進めておけば実家を売ることもなく、賃料収入もあったと思われます。

　敬子さんが元気な間に建替えの意思を確認して、融資を受けて建替えを進めておけば、相続税の支払いも可能で他の不動産の売却も不要だったと思われます。

何も防御をせずに所有者が認知症等になり、判断能力を喪失してしまうと、成年後見人を付けても融資を受けられず店舗の建替えは非常に困難になり、相続税対策もできません。

 実家信託を活用した場合のポイント

　敬子さんと株式会社クリークで実家信託を使って防御した場合を、以下に想定してみていきます。

敬子さん
（委託者・受益者）

株式会社クリーク
（受託者）

 手続き上のポイント

1. 実家の名義の確認
2. 株式会社クリークの会社目的と代表取締役を変更
3. 敬子さんと株式会社クリークとで信託契約を締結
4. 委任および任意後見契約公正証書の作成、実家信託契

約書の宣誓認証（もしくは公正証書で作成）
5. 所有権移転登記と信託登記を申請
6. 「信託口」の預金口座を開設
7. 信託設定時の税務
8. テナントとの契約変更
9. 敬子さんが融資を受け、信託口座へ入金
10. 融資と同時に抵当権設定登記を申請
11. 敬子さんの判断能力が減退した場合の対応
12. 建替工事の完成、建物の保存、信託の登記および抵当権追加設定登記申請

③ 実家建替信託の手続きと解説

1 実家の名義の確認

「もし、私が認知症になっても、今までどおり息子が代わりにやってくれるから大丈夫」よく耳にする言葉です。

確かに、敬子さんに判断能力がある場合には、圭一さんは敬子さんの代理人として契約等の法律行為はできますが、敬子さんが判断能力を失ってしまい、意思表示ができないと圭一さんは代理もできません。もし、店舗の建替え中に敬子さんが判断能力を失ってしまうと、融資も実行できず工事が止まってしまう可能性は高くなります。

圭一さんはまず、実家の登記事項証明書を取り寄せて、土地と建物は敬子さんの名義になっているかどうか、念のため確認します。この

ときに住宅ローンが残っていると、金融機関の抵当権や根抵当権が記載されています。この場合には、金融機関に実家信託をする旨、説明をして納得してもらう必要がありますので注意してください。

なお、公図を取得して実家の周辺の道路部分などが私道になっていないかも確認しておくとよいでしょう。その場合には、その名義も念のため確認しておきます。

◆登記事項証明書

権利部（甲区）（所有権に関する事項）			
順位番号	登記の目的	受付年月日・受付番号	権利者その他の事項
1	所有権移転	平成〇〇年〇〇月〇〇日 第〇〇号	原　因　平成〇〇年〇〇月〇〇日売買 所有者　〇〇市〇〇　小川武史
2	所有権移転	平成〇〇年〇〇月〇〇日 第〇〇号	原　因　平成〇〇年〇〇月〇〇日相続 所有者　〇〇市〇〇　小川敬子

2　株式会社クリークの会社目的と代表取締役を変更

　株式会社クリークの代表取締役は母の敬子さんでしたが、実家信託においては受託者を株式会社クリークに設定するため、今後は圭一さんがメインとなって会社を運営していけるように、代表取締役を敬子さんから圭一さんに変更します。また、会社の目的に「信託業法に抵触しない民事信託の受託」を追加します。

3　敬子さんと株式会社クリークとで信託契約を締結

　母敬子さんの判断能力がある間に、委託者敬子さんと受託者株式会社クリークとで信託契約を締結して、不動産の管理・運用・処分まででき

るようにしておきます。

　ここでのポイントは、必ず受益者は敬子さんにすることです。誤って受益者を敬子さん以外の人にしてしまうと、不動産すべてを贈与したのと同じ贈与税が一括でかかってきてしまいます。

　さらにポイントとしては、受益者を債務者として不動産に抵当権設定ができるような契約条項にしておくことです。

　受託者は今回のケースでは法人なので、個人とは異なり、認知症や死亡の危険がありません。そこで、予備的に受託者は定めませんでした。

　なお、取締役に敬子さんが残る場合には、敬子さんを委託者、株式会社クリークを受託者とする信託契約による所有権移転および担保設定行為は利益相反取引に該当するので、利益相反の承認決議を得ておきます。

　本ケースのように融資を受けることが予定されている場合には、金融機関と信託契約内容を十分に協議して進めていったほうがよいでしょう。

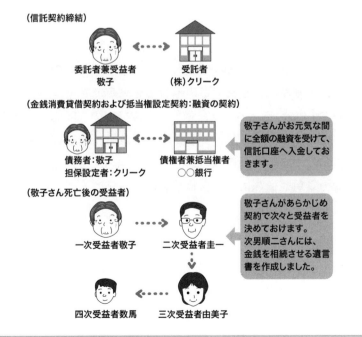

◆契約書例（実家信託契約書）　　　　　　（※実際の契約書とは異なります）

実家信託契約書

収入印紙
200円

（信託の設定および目的）

第1条　委託者 小川敬子（以下「甲」という）は、財産の管理・運用・処分を目的として、本信託契約第2条記載の小川敬子の財産（以下「信託財産」という）を受託者 株式会社クリーク（以下「乙」という）へ信託し、乙はこれを受託し、次のとおり信託契約（以下「本信託契約」という）を締結した。

本信託契約の締結により、甲の判断能力が低下したり、死亡したとしても、甲が夫から相続した不動産を守り、確実に建物を建てて、受益者の生活の安定に寄与することが委託者甲の願いである。

<解説>
今回の実家信託は実家の「建替え」が大きな目的なので、そのために不動産に抵当権などの担保権を設定できるよう、必ず目的に「処分」を入れます。信託は、委託者の判断能力の低下後、さらに相続後においても委託者の意思が継続して実現できる制度ですので、「信託の目的」は肝（キモ）と言えます。委託者の意思や信託に込められた想いを十分に表現することが必要です。

（信託財産）

第2条　本契約に定める信託財産は、次の財産とする。

　（1）　別紙目録記載の土地および建物の所有権（以下「信託不動産」という）

（２）　金100万円
（３）　本信託契約第３条各号に定める信託不動産の建設・取得・管理・運用・処分等を目的として、受益者が借り入れをすることにより得られる金銭
（４）　本信託契約第５条の定めにより、追加信託を受けた不動産および金銭
（５）　信託財産より生じる一切の果実および敷金等の預り金

＜解説＞
第１号で、実家建替えにかかる不動産を信託財産として、別紙目録に記載します。受益者の敬子さんが借り入れをした金銭で信託不動産を建てるため、その金銭も信託財産に追加できるようにしています。もし、融資された金銭を信託財産として信託口座に入金せずに、敬子さん固有の金銭として敬子さん名義の預金口座に入金しておくと、いざ、建築資金の支払いをしようと思っても敬子さんが認知症になっていた場合に預金が凍結されて支払いができなくなってしまいます。結局、支払いのために成年後見人を選任してもらって手続きを進めることになりますが、後見人選任には、数ヵ月かかる場合もあり、支払い期日に間に合わず建物を期日までに引き渡されない危険性があるので、融資を受けた金銭は必ず追加信託し、信託口座に入金しておかなくてはなりません。

（信託不動産の管理・運用および処分の方法）
第３条　受託者は、本信託契約に特段の定めがある場合を除き、次の方法により、信託不動産を管理・運用・処分する。
（１）　受託者は、本信託契約の成立以降、速やかに信託不動産に関し、受託者名義に信託を原因とする所有権移転登記申請手

続きを行う。
（2） 信託不動産の管理・運用・処分は、受託者が適当と認める方法、時期および範囲において、自らの裁量で行う。また、受託者は必要に応じ、建物の解体、新たな建物の建設、信託不動産の売却、購入、および受益者もしくは受益者が指定した者を債務者として当該物件を抵当権・根抵当権・質権・譲渡担保権その他担保に供することができる。
（3） 受託者は、信託不動産の管理事務の全部または一部について、受託者が相当と認める第三者（以下「財産管理者」という）に委託することができる。

> ＜解説＞
> 受託者の裁量で、店舗の建て替えを行えるようにしています。また、実家に受託者が担保権を設定できるようにもしています。

（信託金銭の管理・運用および使用の方法）
第4条 受託者は、金融機関に信託口座を開設して、信託金銭を自らの固有財産とは分別して管理する。
2 受託者は、信託金銭を、信託不動産に関する公租公課・修繕費・火災保険料・財産管理者への手数料・司法書士報酬・税理士報酬その他信託不動産の維持管理に必要な一切の費用の支払のために使うことができる。
3 受託者は、信託金銭を不動産の処分および解体、新たな建物の建設、信託不動産の購入のために用いることができる。
4 受託者は、信託金銭を甲の身上配慮のために使うことができる。

> ＜解説＞
> 信託不動産は賃貸物件になるので自宅だけを信託する場合と

異なり、固定資産税などの諸費用は賃料からなる信託金銭から支払うことになります。

敬子さんの信託財産と定めた金銭および融資を受けた金銭を信託口座に入金しておき、敬子さんの生活に要する費用や建物の建築代金に使用できるよう規定しておきます。

（追加信託）
第5条 委託者および受益者は、本信託契約の信託目的を達成するために、信託財産として金銭および不動産等の財産を追加信託することができる。

（受託者の義務）
第6条 受託者は、本信託契約の本旨に従い、受益者の利益のために忠実に信託事務の処理その他の行為を行い、自己の財産に対するのと同一の注意をもって信託事務を処理する。

2 受託者は、信託法37条に基づいて、本信託財産に係る帳簿、貸借対照表、損益計算書その他法務省令に定める書類を作成する。

＜解説＞
信託法29条で受託者の「善良な管理者の注意義務」が規定されていますが、信託行為に別段の定めも許容されています。家族間での信託なので、「善管注意義務」までは求めず、注意義務を軽減しています。
居住用だけでなく店舗もあるので、賃料等を含めた計算書類の作成が必要です。

（当初受益者）
第7条 本信託契約の当初受益者は委託者である甲とする。

> <解説>
> 委託者＝受益者となる自益信託が原則です。委託者≠受益者となる他益信託で対価を伴わない信託は、設定と同時に信託財産を贈与したものとみなし、贈与税が課税されるからです。

（甲死亡後の受益権の取得）

第8条　甲死亡後の受益権の取得については、以下の順位のとおりとする。

（1）　第一順位として甲の長男圭一、第二順位として圭一の配偶者由美子、第三順位として圭一の子数馬とする。

（2）　次順位の者が既に死亡していた場合には、さらに次順位の者が受益権を取得するものとする。

> <解説>
> 敬子さんが亡くなったのちの受益者も契約書で指定できます。つまり遺言を作成しなくても遺言の代わりになるので「遺言代用信託」と呼ばれています。敬子さんは圭一さんに継がせたいという希望があったので、二次受益者を圭一さんに指定しています。不動産は圭一さんの家族へ受益権を移動させるため、次男の順二さんには、別途、遺言書を作成し、ある程度の金銭を相続させることで兄弟間の不公平感を少なくするよう工夫しています。

（委託者の死亡後の地位と権利）

第9条　委託者の死亡により、委託者の地位は受益者へ順次移転し、当初委託者の権利は消滅する。

> <解説>
> 信託法147条において、遺言信託のみが原則、委託者の地位が

相続しないと定めていることの反対解釈として、信託行為が契約である場合には、委託者の地位が原則として相続されると考えられます。そこで、委託者が死亡しても委託者の地位と権利は承継され、圭一さんは順二さんの同意を得る必要が出てきます。順二さんは海外生活が長いため、登記等の手続きが煩雑になることもあるかもしれません。したがってこのように別段の定めとして、受益者のみが委託者の地位を承継することにしました。

（信託の変更）

第10条 受託者および受益者の合意により、本契約の内容を変更することができる。

＜解説＞
状況の変化に伴って、信託契約の内容を変更する必要性が出てくる可能性があります。信託法149条には詳しく信託の変更について記載されていますが、契約で別段の定めも可能です（信法149条4項）。もし、敬子さんが認知症等で意思表示ができなくなってしまうと、信託の変更等に支障が出てきてしまうので、受益者代理人を選任し、受益者代理人と受託者の合意で変更する方法も考えられます。

（残余財産の権利帰属者）

第11条 本信託が終了したときの帰属権利者は最終の受益者とする。

＜解説＞
信託終了時の帰属権利者は最終の受益者にします。最終の受益者と帰属権利者が異なると受益権の移動があったものとして贈与税が発生してしまうからです。

（契約に定めのない事項）
第12条 本信託に記載のない事項は、受託者および受益者が協議のうえ決定する。

上記契約の成立を証するため、本契約書2部を作成し、甲乙が各一部を保管する。

平成〇〇年〇〇月〇〇日
　甲
　　委託者　〇〇市〇〇町〇〇丁目〇〇番〇〇号　小川敬子　　印

　乙
　　受託者　〇〇市〇〇町〇〇丁目〇〇番〇〇号
　　　　　　　　　　　　　　　　　　株式会社クリーク　印

物件目録
　　不動産の表示
　　　　所　　在　　〇〇市〇〇区〇〇
　　　　地　　番　　〇〇番〇〇
　　　　地　　目　　宅地
　　　　地　　積　　〇〇．〇〇平方メートル

委託者
〇〇市〇〇町〇〇丁目〇〇番〇〇号　小川敬子　印
受託者
〇〇市〇〇町〇〇丁目〇〇番〇〇号　株式会社クリーク
　　　　　　　　　　　　　　代表取締役　小川圭一　印

4 委任および任意後見契約公正証書の作成、実家信託契約書の宣誓認証（もしくは公正証書で作成）

　公正証書で委任契約および任意後見契約を締結し、実家信託契約書は公証人に宣誓認証を付してもらいます。

　信託不動産に担保を付けて融資を受けるに際し、金融機関からは融資の条件として、宣誓認証では足らずに公正証書による信託契約書を要求されるケースも見受けられます。公正証書で作成したのちに金融機関と協議することになると、契約内容の変更を求められたら変更契約書も公正証書にしなくてはならない場合もありますので、金融機関との事前の協議が必要でしょう。基本的な事項は51ページをご参照ください。

　委任契約および任意後見契約の代理権目録には、「○○銀行（融資を受ける金融機関）とのすべての取引」とか「○○保険会社（火災保険をかける保険会社）とのすべての取引」などと規定し、特定できる金融機関等は特定しておいたほうがよいでしょう。

5 所有権移転登記と信託登記を申請

　信託の登記をするときは、受託者への所有権移転登記申請とともに、1つの申請書で行うことになります。

　ところで、不動産の登記は第三者対抗要件ですので、信託契約書の条項すべてを登記する必要はありません。第三者に対して主張したい事項を入れるようにします。

　実家の評価額は以下に基づいて計算します。

＊固定資産評価額　土　地：8,000万円、家　屋：100万円
（家屋は昭和40年築　土地と家屋合計の取得費は500万円程度）

＊時　価　土　地：1億円
　　　　　建　物：ゼロ

◆登記申請書

登記申請書

登記の目的　所有権移転および信託※1
原　　因　　平成〇〇年〇〇月〇〇日信託※2
権利者　　〇〇市〇〇　株式会社クリーク
　　　　　　　　　　　代表取締役小川圭一※3

義務者　　〇〇市〇〇　小川敬子※4
添付書類　　登記原因証明情報※5　登記済証/登記識別情報※6
　　　　　　信託目録に記録すべき情報※7　議事録※8
印鑑証明書　住所証明書　代理権限証書
　送付の方法により登記完了証の交付を希望します。
　　　送付先:資格者代理人の事務所あて
　送付の方法により登記識別情報通知書の交付を希望します。
　　　送付先:資格者代理人の事務所あて
平成〇〇年〇〇月〇〇日申請　　　　　　〇〇法務局御中

代理人　　　　〇〇市〇〇町〇〇丁目〇〇番〇〇号
　　　　　　　　　　　〇〇〇〇　　　印
課税価格※9　　土　地　金8,000万円
　　　　　　　建　物　金100万円
登録免許税※9
　　　　　　　信託分　土　地　金24万円
　　　　　　　　　　　租税特別措置法72条1項による
　　　　　　　建　物　金2,000円
　　　　　　　合　計　金24万2,000円
　　　　　　　移転分　登録免許税法7条1項1号により非課税

第3章 「実家信託」で実家を建て替える！

| 不動産の表示　　　略 |

※1　信託の登記の申請は所有権移転の登記の申請と同時にしなければならないので、登記の目的は「所有権移転および信託」となる。
※2　信託の効力が生じた日、すなわち、信託契約締結日となる。
※3　登記権利者は受託者である株式会社クリークとなる。
※4　登記義務者は委託者である敬子さんとなる。
※5　（下記参照）
※6　登記義務者が所有権移転の登記を受けたときの登記識別情報もしくは登記済証を提供する。
※7　(143ページ参照)信託目録に記録すべき情報を記録した磁気ディスク（CD-R）の提出を行っている。
※8　株式会社クリークに敬子さんが取締役に入っていた場合、取締役の利益相反になるので、利益相反の承認の決議をした株主総会議事録または取締役会議事録を添付する。
※9　登録免許税は、所有権移転の登記分と信託の登記分の合計金額の記載になる。
　　　◆信託の登記の登録免許税
　　　原則は不動産の価額の1,000分の4の額（登法別表第一、１、(十)イ）。ただし土地に関する所有権の信託の登記の税率については、措法72条１項２号で1,000分の3に軽減されている（平成25年４月１日から平成29年３月31日まで）。
　　　所有権移転の登記の登録免許税は非課税である。

◆添付書類（登記原因証明情報）

| 登記原因証明情報 |

１．登記申請情報の要項
　　（１）　登記の目的　　　所有権移転および信託
　　（２）　登記の原因　　　平成〇〇年〇〇月〇〇日信託
　　（３）　当　事　者
　　　　　権利者（受託者）　〇〇市〇〇　株式会社クリーク
　　　　　　　　　　　　　　　　　　　　代表取締役小川圭一
　　　　　義務者（委託者）　〇〇市〇〇　小川敬子

（4）不　動　産　　　別紙のとおり

2．登記の原因となる事実または法律行為
（1）　信託契約の締結
受託者株式会社クリークと委託者小川敬子は、平成○○年○○月○○日、下記「信託目録に記載すべき事項」を信託の内容とする実家建替契約を締結した。

記

信託目録に記載すべき事項
　　委託者に関する事項　　○○市○○　　小川敬子
　　受託者に関する事項　　○○市○○　　株式会社クリーク
　　　　　　　　　　　　　　　　　　　　代表取締役小川圭一
　　受益者に関する事項等　○○市○○　　小川敬子
1、信託の目的
　委託者 小川敬子（以下「甲」という）は、財産の管理・運用・処分を目的として、甲の財産（以下「信託財産」という）を受託者 株式会社クリーク（以下「乙」という）へ信託し、乙はこれを受託し、次のとおり信託契約（以下「本信託契約」という）を締結した。
　本信託契約の締結により、甲の判断能力が低下したり、死亡したとしても、甲が夫から相続した不動産を守り、確実に建物を建てて、受益者の生活の安定に寄与することが委託者甲の願いである。
2、信託財産の管理・運用および処分の方法
　　略
3、信託の終了事由
　　略
4、その他の信託条項

略

以下、略

◆ 登記記録例

権利部（甲区）（所有権に関する事項）			
順位番号	登記の目的	受付年月日・受付番号	権利者その他の事項
1	所有権移転	平成〇〇年〇〇月〇〇日 第〇〇号	原　因　平成〇〇年〇〇月〇〇日相続 所有者　〇〇市〇〇　小川敬子
2 ※10	所有権移転	平成〇〇年〇〇月〇〇日 第〇〇号	原　因　平成〇〇年〇〇月〇〇日信託 ※12 受託者　〇〇市〇〇　株式会社クリーク ※13
	信　託 ※11	余　白	信託目録第1号 ※14

信託目録		調　製	余　白
番　号	受付年月日・受付番号	予　備	
第1号	平成〇〇年〇〇月〇〇日 第〇〇号	余　白	
1 委託者に関する事項	〇〇市〇〇　小川敬子		
2 受託者に関する事項	〇〇市〇〇　株式会社クリーク		
3 受益者に関する事項等	受益者　〇〇市〇〇　小川敬子		

4 信託条項※15	1、信託の目的 　委託者 小川敬子（以下「甲」という）は、財産の管理・運用・処分を目的として、小川敬子の財産（以下「信託財産」という）を受託者 株式会社クリーク（以下「乙」という）へ信託し、乙はこれを受託し、次のとおり信託契約（以下「本信託契約」という）を締結した。（以下略） 2、信託財産の管理・運用および処分の方法 　略 3、信託の終了事由 　略 4、その他の信託条項 　略

※10 所有権移転と同時に信託の登記を申請したため、登記官は権利部の相当区に一の順位番号を用いて記録しなければならない（不登規175条1項）。
※11 所有権移転と同一の順位番号に、登記の目的は「信託」と記録される。
※12 原因は、「平成○○年○○月○○日信託」と記録される。
※13 権利者の表記は「受託者」と記録され、「所有者」ではない。
※14 信託に関する内容については、信託目録で公示されるため、甲区欄には信託目録の番号のみ記録される。なお、信託目録の目録番号は不動産ごとに異なる目録番号が付される。
※15 上記以外の信託の登記の登記事項を明らかにするために、信託条項には第三者対抗要件が必要な事項を記録する。

6　「信託口」の預金口座を開設

　信託不動産の固定資産税の支払い等があるため、契約の当初は100万円の金銭を信託財産としました。テナントの賃料や融資の資金を信託口座に振り込んでもらうため、信託口座の開設は必須になります。

　信託口座については、99ページをご参照ください。

7　信託設定時の税務

　受益者である敬子さんが信託されている実家を有するものとみなすの

で、課税の主体は移動していません。売買や贈与ですと、登録免許税（2%）、株式会社クリークに不動産取得税（3〜4%）の他、贈与税や譲渡益課税もされますが、自益信託ですと、不動産の名義変更にかかるのは、登録免許税0.4%のみで、不動産取得税はかかりませんし、実体移転はないため譲渡益課税もありません。

なお、信託設定時の受託者の義務として、原則は、契約の日の属する月の翌月末日までに「信託に関する受益者別調書」および「信託に関する受益者別調書合計表」を税務署に提出しなければなりませんが、委託者と受益者が同一、すなわち、自益信託なので、信託設定時には税務署に提出する書類は原則ありません。

8 テナントとの契約変更

実家の建物に入っているテナントとの賃貸借契約は、名義上貸主が変わるので、「貸主　受託者株式会社クリーク」と変更します。また、店舗からの賃料も信託財産になるので、信託契約日以降の賃料は信託口に入金してもらうように、入金先の契約変更もします。

9 敬子さんが融資を受け、信託口座へ入金

信託不動産を担保に融資を受ける場合、確実に相続税の債務控除ができるようにするためには、債務者は委託者兼受益者（本ケースでは小川敬子さん）とします。信託契約を締結する段階で委託者の判断能力が必要ですので、融資の手続きも同時進行で進めます。

通常、建築物の融資には、建物の建築状況に伴い段階的に融資の金銭が入金されますが、工事途中で敬子さんが認知症等で判断能力を失ってしまうと追加融資契約ができなくなってしまいます。そこで、初回の融資において、建築資金の全額を借りることができるよう金融機関に依頼しておきます。

金融機関のほうでは、その資金が建築の使途以外で使われることが心配なので、信託口座を「通知預金」とする選択もあるでしょう。普通預金は請求払預金といって、預金者が請求すると金融機関は直ちに支払いをしなくてはなりません。しかし「通知預金」ですと、払い出しをする2日以上前に予告することが必要です。したがって、金融機関側では、払い出しが確実に建築資金に使われることを確認することができます。

　当初に全額を借りなくてはなりませんから、金利の面で借主としては負担が増えますが、融資額の全額が委託者兼受益者の債務となり、確実に建物を建てる資金が確保されているメリットを考えれば、安心料といえます。

10 融資と同時に抵当権設定登記を申請

　融資の実行に伴い、通常の融資と同様に信託不動産に抵当権や根抵当権などの担保権の設定登記を申請します。すでに、不動産の名義は受託者たる株式会社クリークに変更されているので、抵当権設定の当事者は、金融機関と株式会社クリークになります。

　信託契約第2条(3)では、「本信託契約第3条各号に定める信託不動産の建設・取得・管理・運用・処分等を目的として、受益者が借り入れをすることにより得られる金銭」が、信託財産を形成するとしています。受益者が債務者となって借りた金銭は受益者の財産になるので、今回の融資による金銭も当然に信託財産に含まれますが、金融機関によっては下記のような覚書を交わし、提出を求められることもあります。

　融資が実行されて工事は開始されます。資金は確保できていますし、あとはスケジュールどおりに建築が進むのを確認していきます。

◆信託契約に関する覚書

信託契約に関する覚書

　　甲　　　委託者兼受益者　　小川敬子
　　乙　　　受託者　株式会社クリーク

　甲および乙は、甲と乙が平成○○年○○月○○日○○法務局所属公証人○○○○（○○公証役場）が作成した平成○○年第○○号信託契約公正証書における信託契約（以下、「本信託契約」という）に関し、以下のことを確認した。

記

１．甲は、平成○○年○○月○○日に、債権者を株式会社○○銀行（本店：○○）、債務者を甲とする金銭消費貸借契約（以下「本件金銭消費貸借契約」という）を締結し、株式会社○○銀行より金○○百万円を借り受けた。
　当該金銭は本信託契約第○○条第○○号に定められた「本件信託契約第２条各号に定める信託不動産の管理・運用・処分等を目的として受益者が借り入れをすることにより得られる金銭」に該当し、その借り入れ実行時に当然に本信託契約における信託財産となったこと。（以下、この金銭を「信託金銭である金銭」という。）

２．当該信託金銭である金銭は、本信託契約の信託財産である土地（以下、「信託財産たる土地」という。）に新築する建物の建築費用、およびこれら付随する費用のために使用するものであること。

３．信託財産たる土地に新たに建築される建物は、当該信託金銭である金銭を用いて、受託者である乙が新たに取得する財産であることから、当然に本信託契約に基づく信託財産となること。

４．本信託契約において定義される「信託不動産」(信託財産たる土地に新たに建築される建物を含む)に対して、受託者である乙が、本件金銭消費貸借契約に基づく甲の一切の債務を担保するために株式会社〇〇銀行を権利者として抵当権、または根抵当権設定登記ができること。

以上の確認のため、本覚書２部を作成し、甲および乙が署名押印し各一部を保管する。

平成〇〇年〇〇月〇〇日

甲(委託者)
　　(住所)〇〇〇〇
　　(氏名)小川敬子

乙(受託者)
　　(本店)〇〇〇〇
　　(名称)株式会社クリーク
　　　　　　代表取締役　小川圭一

添付書面
１．平成〇〇年〇〇月〇〇日　〇〇法務局所属公証人　〇〇〇〇(〇〇公証役場)作成　平成〇〇年第〇〇号　信託契約公正証書　謄本写し

11 敬子さんの判断能力が減退した場合の対応

　工事自体は順調に進んでいましたが、融資を受けて2ヵ月後に敬子さんは体調を崩し、入院することになりました。入院していると刺激が少ないためか、判断能力も衰えがちです。

　しかし、実家建替信託で受託者をすでに株式会社クリークにしておいたため、工事の発注主も株式会社クリークとなり、建築計画にはまったく影響は及ばず、圭一さんも胸をなでおろしているところです。

12 建替工事の完成、建物の保存、信託の登記およ び抵当権追加設定登記申請

　工事着手から数ヵ月が経過し、ようやく新しい店舗が完成しました。

　ここで、建物の保存と信託および抵当権追加設定登記申請をする必要がありますが、この登記も通常の保存登記を申請しないよう、注意が必要です。

　建築資金は信託財産たる金銭を使って建物を建てたため、信託金銭が建物に変わったとされ、建築された新しい建物は当然、信託財産を構成することになります(信法16条1号)。

　登記の目的は、信託金銭によって得た財産(処分財産)なので「信託」ではなく、「信託財産の処分による信託」となります。

　この建物の所有権の登記名義人は受託者で、保存登記と同時に信託登記も申請します。新築建物の評価は5,000万円で、申請書は次ページになります。

　また、抵当権追加設定契約も、抵当権設定者たる受託者と、抵当権者の金融機関で締結し、抵当権設定登記も二者で行います。

◆登記申請書

登記申請書

登記の目的　所有権保存および信託財産の処分による信託[※1]

申請人
（受託者）　　　○○市○○　株式会社クリーク[※2]
　　　　　　　　（会社法人等番号○○○○）
　　　　　　　　代表取締役小川圭一

添付書類　　登記原因証明情報[※3]　信託目録に記録すべき情報[※4]
　　　　　　会社法人等番号　住所証明情報　代理権限情報

　送付の方法により登記完了証の交付を希望します。
　　送付先：資格者代理人の事務所あて
　送付の方法により登記識別情報通知書の交付を希望します。
　　送付先：資格者代理人の事務所あて

平成○○年○○月○○日申請　　　　　　　　○○法務局御中

代理人　　　　○○市○○町○○丁目○○番○○号
　　　　　　　　　　　　○○○○　　　印

課税価格　　　　金5,000万円
登録免許税[※5]　　金40万円
　　　　　保存分　金20万円
　　　　　信託分　金20万円

不動産の表示　　略

※1　信託金銭によって得た財産（処分財産）なので「信託」ではなく、「信託財産の処分による信託」となる。
※2　申請人として受託者を記載する。
※3　信託保存登記においては、登記原因証明情報の提供は不要であるが、信託の登記申

請で登記原因証明情報が必要になる。
※4　(152ページ参照)信託目録に記録すべき情報を記録した磁気ディスク(CD-R)の提出を行っている。
※5　登録免許税として、所有権保存の登記分と信託の登記分の合計金額を記載する。所有権保存の登記分および信託の登記分、ともに不動産の価額の1,000分の4の額となる。

◆添付書類(登記原因証明情報)

登記原因証明情報

1．登記申請情報の要項
　　(1)　登記の目的　　　所有権保存および信託財産の処分による信託
　　(2)　登記の原因　　　平成〇〇年〇〇月〇〇日信託
　　(3)　申請人(受託者)　〇〇市〇〇　株式会社クリーク
　　(4)　不　動　産　　　別紙のとおり

2．登記の原因となる事実または法律行為
　　(1)　信託契約の締結
　　　委託者小川敬子と受託者株式会社クリークは、平成〇〇年〇〇月〇〇日、下記「信託目録に記載すべき事項」を信託の内容とする実家信託契約を締結した。当該信託契約によると、受託者は信託金銭を不動産の処分および解体、新たな建物の建設、信託不動産の購入のために用いることができる、とされており、これにより取得した当該不動産は信託財産とする旨の条項がある。

　　　　　　　　　　　　　記

信託目録に記載すべき事項　　(略)

(2) 本件建物の建築と信託財産への帰属
　受託者株式会社クリークは上記信託契約に基づき、金銭を処分して本件建物を建築し、株式会社クリーク名義での建物表題登記を経由し、本件建物は信託財産に帰属した。
　よって、株式会社クリーク名義での所有権保存登記をする。

平成○○年○○月○○日
　以下、略

◆登記記録例

権利部（甲区）（所有権に関する事項）			
順位番号	登記の目的	受付年月日・受付番号	権利者その他の事項
1	所有権保存	平成○○年○○月○○日第○○号	所有者※6　○○市○○　株式会社クリーク
	信託財産の処分による信託※7	余　白	信託目録第1号※8

信託目録		調　製	余　白
番　号	受付年月日・受付番号	予　備	
第1号	平成○○年○○月○○日第○○号	余　白	
1 委託者に関する事項	○○市○○　小川敬子		
2 受託者に関する事項	○○市○○　株式会社クリーク		
3 受益者に関する事項等	受益者　○○市○○　小川敬子		
4 信託条項	略		

※6 権利者の表記は「受託者」ではなく「所有者」と記録される。
※7 登記の目的は信託財産の処分による信託であるから、「信託」ではなく、「信託財産の処分による信託」と記録される。
※8 信託に関する内容については、信託目録で公示されるため、甲区欄には信託目録の番号のみ記録される。なお、信託目録の目録番号は不動産ごとに異なる目録番号が付される。

実家信託後について

1 店舗の賃貸が開始される

母敬子さんは判断能力が低下してしまいましたが、圭一さんは敬子さんの介護をしながら、テナントとの契約などが株式会社クリークの代表取締役として可能になったので、円滑に賃貸契約も進み、信託口座にテナント料が入金されるようになりました。

2 受託者の義務

店舗の建て替え前もしくは建て替え後、テナントからの賃料を受益者敬子さんが受け取っているときは、「信託財産に帰せられる収益の額の合計額が3万円」を超えるので、信託計算書を、毎年1月31日までに税務署長に提出しなければなりません(所法227条、所規別表七(一))。

また、決算書類の作成義務も1年に1回あります。なお、受益者は確定申告書を税務署に提出する関係上、受託者は毎年12月末締めで決算書類を作成して税務署へ提出し、受益者へ報告する必要があります。

以上、様式の紹介をしておきます。

◆信託の計算書

信 託 の 計 算 書
(自　　年　月　日至　　年　月　日)

信託財産に帰せられる収益及び費用の受益者等	住所(居所)又は所在地			
	氏名又は名称		番号	
元本たる信託財産の受益者等	住所(居所)又は所在地			
	氏名又は名称		番号	
委託者	住所(居所)又は所在地			
	氏名又は名称		番号	
受託者	住所(居所)又は所在地			
	氏名又は名称	(電話)		
	計算書の作成年月日	年　月　日	番号	

※番号欄に個人番号(12桁)を記載する場合には、右詰で記載します。

信託の期間	自　年　月　日 至　年　月　日	受益者等の異動	原因	
信託の目的			時期	
受益者等に交付した利益の内容	種類		受託者の受けるべき報酬の額等	報酬の額又はその計算方法	
	数量			支払義務者	
	時期			支払時期	
	損益分配割合			補てん又は補足の割合	

収益及び費用の明細

収益の内訳	収益の額(千円)	費用の内訳	費用の額(千円)
収益		費用	
合計		合計	

資産及び負債の明細

資産及び負債の内訳	資産の額及び負債の額(千円)	所在地	数量	備考
資産				
合計	(摘要)			
負債				
合計				
資産の合計－負債の合計				

| 整理欄 | ① | ② | | 357 |

(国税庁ＨＰより引用)

第3章 「実家信託」で実家を建て替える！

【信託の計算書】

備 考
1　この計算書は、法第227条に規定する信託について使用すること。
2　この計算書の記載の要領は、次による。
　(1)　「住所（居所）又は所在地」及び「番号」の欄には、計算書を作成する日の現況による住所若しくは居所（国内に居所を有しない者にあつては、国外におけるその住所。(9)イにおいて同じ。）又は本店若しくは主たる事務所の所在地を及び行政手続における特定の個人を識別するための番号の利用等に関する法律第2条第5項に規定する個人番号又は同条第15項に規定する法人番号を記載すること。
　(2)　「収益及び費用の明細」の「収益の内訳」及び「費用の内訳」並びに「収益の額」及び「費用の額」の項は、各種所得の基因たる信託財産の異なるごとに収益及び費用の内訳並びに当該収益及び費用の額を記載すること。
　(3)　信託財産の処分により生じた損益は、他の収益及び費用と区分して記載すること。
　(4)　「資産及び負債の明細」の「資産及び負債の内訳」及び「資産及び負債の額」の項には、各種所得の基因たる信託財産の異なるごとに区分してその信託財産に属する資産及び負債の内訳並びに当該資産及び負債の額を記載し、「資産及び負債の明細」の「所在地」の項には、各種所得の基因たる信託財産に属する資産の異なるごとに区分してその所在地を記載すること。
　(5)　信託会社（法第227条に規定する信託会社をいう。以下この表において同じ。）の事業年度中（受託者が信託会社以外の者である場合又は当該信託が特定寄附信託（租税特別措置法第4条の5第1項に規定する特定寄附信託をいう。以下この表において同じ。）である場合には、その年中）に信託財産の全部又は一部を処分した場合には、その処分年月日を、新たに信託行為により受け入れた信託財産がある場合には、その受入年月日を、それぞれ「備考」の項に記載すること。
　(6)　「受益者等に交付した利益の内容」の「損益分配割合」の欄には、信託財産に帰せられる収益及び費用の受益者等が2人以上あり、かつ、それぞれの受益者等が受ける損益の割合が異なる場合に限り、記載すること。
　(7)　「受益者等の異動」の「原因」の欄には、信託契約の締結、受益者の指定、受益者の変更、受益権の放棄、信託の終了のように記載すること。
　(8)　「受託者の受けるべき報酬の額等」の「補てん又は補足の割合」の欄には、金融機関の信託業務の兼営に関する法律（昭和18年法律第43号）第6条の規定による補てん又は補足の割合その他これに関する事項を記載すること。
　(9)　次に掲げる場合には、「摘要」の欄にそれぞれ次に掲げる事項を記載すること。
　　イ　当該信託が信託法（平成18年法律第108号）第89条第1項に規定する受益者指定権等を有する者、同法第182条第1項第2号に規定する帰属権利者として指定された者その他これらに類する者の定めのある信託である場合　その者の氏名又は名称及び住所若しくは居所又は本店若しくは主たる事務所の所在地
　　ロ　信託会社の事業年度（受託者が信託会社以外の者である場合又は当該信託が特定寄附信託である場合には、その年）の中途において当該受益者等の損益分配割合に変更が生じた場合　その旨、変更のあった日及びその変更事由
　　ハ　受益者等又は委託者の納税管理人が明らかな場合　当該納税管理人の氏名及び住所又は居所
　　ニ　受益者等が非居住者又は外国法人である場合　（非）
　　ホ　当該信託が相続税法第21条の4第1項の規定の適用に係るものである場合　その旨
　　ヘ　当該信託が特定寄附信託である場合　その旨及び次に掲げる事項
　　　(ⅰ)　当該特定寄附信託契約（租税特別措置法第4条の5第2項に規定する特定寄附信託契約をいう。以下この表において同じ。）締結時の信託の元本の額
　　　(ⅱ)　前年中に当該信託の信託財産から支出した寄附金の額及び当該信託財産に帰せられる租税特別措置法第4条の5第1項の規定の適用を受けた同項に規定する利子等の金額のうち前年中に寄附金として支出した金額並びにこれらの寄附金を支出した年月日
　　　(ⅲ)　(ⅱ)の寄附金を受領した法人又は法第78条第3項に規定する特定公益信託の受託者の名称及び所在地並びに当該特定公益信託の名称
　　　(ⅳ)　当該特定寄附信託契約又はその履行につき、租税特別措置法施行令第2条の36第8項各号に掲げる事実が生じた場合には、当該事実及びその事実が生じた日
3　合計表をこの様式に準じて作成し、添付すること。
4　所轄税務署長の承認を受けた場合には、この様式と異なる様式により調製することができる。

（国税庁ＨＰより引用）

❻ まとめ

　実家に限らず、高齢者が土地を所有しており、その敷地に建物を建てる際には、今回の実家信託同様の手続きをとるべきです。

　相続税対策として土地に建物を建てようと数年前から計画し、いざ実行に移そうとしたら土地の所有者が認知症になってしまい、まったく着手できなかったという話を聞いたことがあります。もっと悲惨なのは、土地に担保を付けて建物の建築状況に伴って段階的に融資を受けていたところ、建物完成間近で土地の所有者が判断能力を失ってしまい、最終段階の大きな融資が下りず、建築業者等への支払いが滞り建物の引き渡しも受けられなくなってしまったという話です。どちらも実際に起きていることですが、信託を入れておけば、本事例の小川さんのようにスムーズに進んだはずです。

　実家信託の普及を一日も早く進めなくてはならないと、それらの事件を耳にするたびに思いを新たにします。

第4章

「実家信託」で実家を貸す!

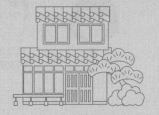

事例 3 | 親が遺言書を書いてくれない
佐藤純生さん(仮名)の場合

【相続による紛争の事例】

佐藤純生さん(仮名)は、親の敷地内に自宅を建てて居住しています。同じ敷地内にある純生さんの実家の名義は、純生さんの母今日子さん名義(敷地と建物)です。純生さん夫婦は父を看取った後、母を気遣いながら、スープの冷めない距離で温かく交流し、お世話をしていました。純生さんは弟の浩二さんと二人兄弟ですが、浩二さんは親の面倒も見ず、実家に寄り付かず、兄弟の間はあまり仲が良いとはいえません。

今日子さんは遺言書を「いつかは書かなくては」と言っていましたが、なかなか遺言を書く踏ん切りがつきませんでした。また、純生さんも母親に遺言書を書くようにすすめることは気がひけるので、そのままになっていました。

佐藤純生さんの家族構成

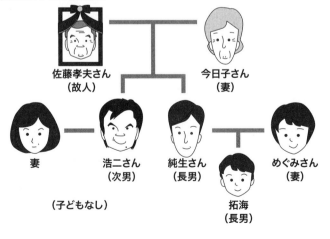

第4章 「実家信託」で実家を貸す！

① 実家信託を活用しなかった場合

1 母今日子さんが何も対策を取らなかったら？

　「いつかは書こう」と思っていた遺言書を書くきっかけがつかめず、突然、母今日子さんが倒れてそのまま帰らぬ人になってしまいました。母の遺産は預貯金4,000万円と実家の不動産（評価は3,000万円）でした。

　母親が亡くなると浩二さんはすぐに純生さん家族の住む敷地を含めて、実家と土地をすべて売却して金で分けようと言ってきました。しかし、純生さんの自宅が敷地内に建っており、売却してしまったら純生さんは出ていかなくてはなりません。今日子さんは生前、実家は壊さないで誰か他の人に住んでもらい有効に活用してほしいと希望していました。

2 何もしなかった結果は？

　純生さん、浩二さん双方とも自分の主張を譲らず、話し合いがつきません。

　このように相続によって紛争が起きてしまった場合には、実家の売却や賃貸は進まず、凍結されることになります。相続人2人の相続税の控除額は4,200万円と控除の範囲を超えるので、相続税の支払い期限となる相続開始から10ヵ月を考慮しなければなりません。次ページのグラフからおわかりいただけるように、遺産分割事件（調停＋審判）の件数は増加しており、審理期間は6ヵ月から2年かかるようです。

何も防御をせずに親に相続が発生したときに、相続人同士が揉め出してしまうと、実家は「凍結」して売却や賃貸ができなくなってしまいます。実家が凍結することで資産価値が低下し、場合によっては、相続税の納付に支障が出ることも懸念されます。大人になってからの兄弟げんかは簡単には解決しないようです。

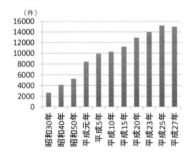
遺産分割事件（調停＋審判）

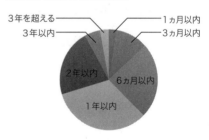
遺産分割事件審理期間

（平成27年度 『裁判所　司法統計』より）

母今日子さんは遺言書を書くことを嫌がっていました。本人は遺言書をいつかは書こうと思っていても、なかなかきっかけがつかめず、親族も遺言書の作成を強くすすめることができないケースは数多く見受けられます。「遺言」という言葉のイメージが悪いことと、遺言書は本人が亡くなった後の内容しか書かないので（当たり前といえば、当たり前で

すが)、作成するための心理的なハードルがとても高いことが理由に挙げられます。生きとし生けるものすべてに必ず訪れる「死」と、真正面に向き合うことができないのかもしれません。

3 遺言代用信託とは

　信託契約は遺言ではありません。しかし遺言の代わりを果たすことができます。信託が「遺言代用信託」と呼ばれる所以です。書面の表題は「実家信託契約書」という契約書で「遺言」という心理的抵抗の大きな文言はまったく出てきません。そして信託契約の条項には、財産の管理の方法などが示されており、その多くの条項の中でごくわずかな条項に「受益者死亡後には……」と、文言がさりげなく記載されています。このように遺書の役割をしている契約ですが、「遺言」と表立っては見せないところがポイントになります。信託は契約書で遺言書の代わりができる画期的な方法なのです。今まで、おずおずと親に遺言を書いて欲しいと頼んで、ピシャリと断られたご子息のみなさんにはぜひ、活用していただきたいと思います。

　なお、信託銀行の「遺言信託」は、こちらの「遺言代用信託」ではありません。「遺言信託」は信託銀行が公正証書遺言の作成や保管、遺言の執行をするサービスなので、信託契約とはまったく異なります。

実家信託の活用ポイント

　もしここで、純生さんや母今日子さんが実家信託を活用したらどうなるのか、以下にみていきます。

今日子さん
（委託者・受益者）

純生さん
（受託者）

 手続き上のポイント

1. 実家の名義の確認
2. 今日子さんと純生さんとで信託契約を締結
3. 委任および任意後見契約公正証書の作成、信託契約書の宣誓認証
4. 所有権移転登記と信託登記を申請
5. 「信託口」の預金口座を開設
6. 実家信託の税務の取扱い
7. 母今日子さんが死亡した場合
8. 信託の目的にしたがって実家を貸す

③ 実家信託の手続きと解説

1　実家の名義の確認

　純生さんは実家の登記事項証明書を取り寄せて、土地と建物は母今日子さんの名義になっているか念のため確認します。

　このときに住宅ローンが残っていると、金融機関の抵当権や根抵当権が記載されています。この場合には、ローン会社に実家信託をする旨を金融機関に説明して理解してもらう必要がありますので注意が必要です。

　なお、公図を取得して実家の周辺の道路部分などを調べると、そこが私道になっていることがあります。そのような場合には、その名義も念のため確認しておきましょう。

◆登記事項証明書

権利部（甲区）（所有権に関する事項）			
順位番号	登記の目的	受付年月日・受付番号	権利者その他の事項
1	所有権移転	平成〇〇年〇〇月〇〇日 第〇〇号	原　因　昭和〇〇年〇〇月〇〇日売買 所有者　〇〇市〇〇　佐藤孝夫
2	所有権移転	平成〇〇年〇〇月〇〇日 第〇〇号	原　因　平成〇〇年〇〇月〇〇日相続 所有者　〇〇市〇〇　佐藤今日子

2　今日子さんと純生さんとで信託契約を締結

　母今日子さんの判断能力がある間に、委託者兼受益者を今日子さん、受託者を純生さんとする信託契約を締結して、不動産の管理・運用・処分までできるようにしておきます。

　ここでのポイントも他の事例と同様に、不動産の所有者が今日子さんなので、必ず受益者は今日子さんにすることです。受益者を誤って今日子さん以外の人にしてしまうと、不動産すべてを贈与したのと同じ贈与税が一括でかかってきてしまいます。

　純生さんは、今日子さんに今後、実家をどのようにしたいのかじっくりと聞き取りました。今日子さんの叶えたい望みは以下になりました。

- 実家に対する思い入れが強いので、他人に貸すのはよいが、なるべく売らないでほしい。
- 純生さんが売らなくてはいけないと判断したら売ってもいい。
- 浩二さんには今まで散々、金銭を渡してきたので、最小限の遺産を渡せば十分だと考えている。実家の賃料や売却代金の4分の1を浩二さんが受け取ることで足りる。
- 実家を貸したり売ったりするのは、浩二さんの意見を聞くことなく、純生さんにすべて任せるので、独自で決めてほしい。
- めぐみさんにもお世話になっているので、純生さんや浩二さんの次は、めぐみさんに財産を受け取ってほしい。
- 佐藤家を守ってもらうよう、めぐみさんの次は拓海君に財産を継がせたい。

　純生さんは今日子さんへ、これらの望みを信託ではすべて叶えることができると説明しました。そして、その仕組みに納得した今日子さんは純生さんとの実家信託契約の締結に同意しました。

第4章 「実家信託」で実家を貸す！

（契約締結当初）

委託者兼受益者
佐藤今日子

受託者
佐藤純生
（ただし、予備受託者として、受益者や受益者代理人が単独で選任できるようにしてある）

← 純生さんは自らの裁量で賃貸や売却が可能

（今日子死亡時）

一次受益者
（亡）佐藤今日子

二次受益者
4分の3純生
4分の1浩二

← 2人の兄弟がともに次の受益者

三次受益者
佐藤めぐみ

← それぞれ兄弟が死亡したら、めぐみさんが受益権を取得する

四次受益者
佐藤拓海

← 今日子さんの孫へ引き継ぐ

◆契約書例(実家信託契約書)　　　（※実際の契約書とは異なります）

実家信託契約書

収入印紙
200円

（信託の設定および目的）

第1条　委託者 佐藤今日子（以下「甲」という）は、財産の管理・運用・処分を目的として、本信託契約第2条記載の佐藤今日子の財産（以下「信託財産」という）を受託者 佐藤純生（以下「乙」という）へ信託し、乙はこれを受託し、次のとおり信託契約（以下「本信託契約」という）を締結した。

　本信託契約の締結により、甲の判断能力が低下したとしても、さらに甲が死亡した後においても、信託された不動産においては乙がその必要性を認識したときに賃貸することを第一義的な方法とし、売却は次の手段とする。乙がそれらの選択をなす場合には、甲の意思を尊重して、賃貸や売却が円滑に進むよう信託財産を活用もしくは処分し、受益者の生活の安定に寄与することが委託者甲の願いである。

＜解説＞
今日子さんの希望が第一には実家の賃貸、二次的には実家売却です。信託は実家の賃貸や売却などの「運用」や「処分」が大きな目的なので、目的にはそれらの用語を入れます。信託は、委託者の判断能力の低下後、さらに死亡後においても委託者の意思が継続して実現できる制度ですので、「信託の目的」は信託の肝（キモ）といえます。委託者の意思を十分にくみとって表現することが必要です。

（信託財産）
第2条　本契約に定める信託財産は、次の財産とする。
　（１）　別紙目録記載の土地および建物の所有権（以下「信託不動産」という）
　（２）　金銭○○円（本号および次号を以下「信託金銭」という）
　（３）　信託不動産の賃貸・売却等、運用や処分により得られる金銭

＜解説＞
1号で、実家の不動産を信託財産として、別紙目録に列挙します。2号で今日子さんの金銭を信託口座へ入金して固定資産税等の支払いに充てたり、母の生活に要する費用として使うことにします。
信託法16条によって、信託不動産である実家を賃貸したり売却した際の賃料や売却代金は信託不動産の運用によって得られる金銭ですので、当然に信託金銭となります。実家を貸す場合、賃貸借契約書には信託口座を賃料の振込先とするように記載します。

（受託者の義務）
第3条　受託者は、本信託契約の本旨に従い、受益者の利益のために忠実に信託事務の処理その他の行為を行い、自己の財産に対するのと同一の注意をもって信託事務を処理する。
2　受託者は、信託法37条に基づいて、本信託財産に係る帳簿、貸借対照表、損益計算書その他法務省令に定める書類を作成する。

＜解説＞
信託法29条で受託者の「善良な管理者の注意義務」が規定されていますが、信託行為に別段の定めも許容されています。家族間での信託なので、「善管注意義務」までは求めず、注意義務を

> 軽減しています。
> 実家のみの信託なのですが、信託法37条1項、2項は別段の定めをしていないので、帳簿作成義務はあります。1年に1回作成しておきます。

（新受託者）
第4条 信託法56条1項各号において受託者の任務が終了した場合に新受託者となるべき者は受益者もしくは受益者代理人が選任する。

> ＜解説＞
> 受託者である純生さんに後見が開始したり、死亡したりしてしまった場合に新しい受託者を選任するには、原則は委託者および受益者の合意が必要になります。このときに母今日子さんの判断能力がなくなっていると選任に支障が出てきてしまうので、契約で、別段の定めをして受益者もしくは受益者代理人が単独で選任できるようにしました（信法62条1項）。

（信託不動産の管理・運用および処分の方法）
第5条 受託者は、信託不動産の管理・運用・処分は、受託者が適当と認める方法、時期および範囲において、自らの裁量で行う。
2 受託者は、信託不動産の管理事務の全部または一部について、受託者が相当と認める第三者（以下「財産管理者」という）に委託することができる。
3 本信託財産に対する公租公課、その他の本信託財産の管理に要する費用、信託事務の処理に必要な諸費用については受益者の固有財産もしくは信託金銭から支弁する。
4 受託者は信託不動産に関し、必要があればすでに契約している

火災保険等の損害保険契約の変更等の手続きを速やかに行う。

＜解説＞
1項では受託者に広い裁量を与え、受託者の判断で管理・運用・処分ができるようにしています。信託法2条において「受託者」とは、信託行為の定めに従い、信託財産に属する財産の管理または処分およびその他の信託の目的の達成のために必要な行為をすべき義務を負う者をいうとされていますが、2項において、第三者への委託を認めていますので、実家の管理や賃貸、売却にあたり業者にそれらの事務を任せることができます。なお、固定資産税などの諸費用は実家に住んでいる受益者である今日子さんの固有の財産もしくは信託金銭から支出ができるようにしています。火災保険の名義書換の有無については、保険会社によって対応が分かれると思いますので、個別の対応が必要となります。

（当初受益者）
第6条 本信託契約の当初受益者は委託者である甲とする。

＜解説＞
基本形として、実家信託のスキームを組む場合には、委託者＝受益者となる自益信託が大部分を占めます。委託者≠受益者となる他益信託で対価を伴わない信託は、設定と同時に信託財産を贈与したものとみなし、贈与税が課税されるからです。

（受益者代理人）
第7条 本信託の受益者の受益者代理人として乙の妻佐藤めぐみ（住所、○○市○○、以下「佐藤めぐみ」という）を指定する。なお、受益者の有する受益権割合の過半数の一致によって受益者代

理人を変更することができる。

<解説>
もし、今日子さんが認知症等で意思表示ができなくなってしまうと、信託の変更等に支障が出てきてしまいます。受益者代理人を選任することができるのは信託行為に限られているので、信託契約書に定めておかないと受益者代理人は選任できません（信法138条1項）。今回、純生さんの妻めぐみさんと今日子さんは信頼関係が厚いので、妻めぐみさんを受益者代理人として指定しています。めぐみさんが病気や死亡などによって受益者代理人の任務を行えないときに備えて、受益者の有する受益権の過半数の一致によって受益者代理人を変更できるように柔軟にしておくことも大切です。

（甲死亡後の受益権の取得）
第8条 甲死亡後の受益権の取得については、以下の順位のとおりとする。
（1） 第一順位として受益権割合4分の3を甲の長男純生および受益権割合4分の1を次男浩二、第二順位として佐藤めぐみ、第三順位として純生の長男拓海とする。
（2） 次順位の者が既に死亡していた場合には、さらにその次順位の者が受益権を取得するものとする。

<解説>
今日子さんが生存中に実家を賃貸や売却した場合には、その利益は受益者である今日子さんが受け取りますが、今日子さんの死亡後に実家を賃貸や売却した場合、純生さんと浩二さんの二人が利益を受け取るようにしました。さらにめぐみさんにも

> 今日子さんはとてもお世話になっているので、純生さんや浩二さんの死亡後はめぐみさんへ利益が渡るようにしています。自分の死後に息子、その次に息子の嫁へ財産を渡すことを明らかにすることで嫁への感謝の気持ちを表し、それを登記にまで表現できることは、未だかつてない方法です。そして、嫁が亡くなったのちは彼らの子どもで、今日子さんの孫の拓海君へ財産権が渡るようにしました。今日子さんは次男夫婦とはほとんど交流がなく、また、次男夫婦には子どもがいないので、不動産については長男の系列に継いでほしいというご希望でした。
> 「遺言」という言葉を使わずに死亡後の受益者を決めることが、このように信託では可能であるため、信託は「遺言代用信託」と呼ばれるわけです。
> 受託者と受益者がまったく同一になり1年が経過すると信託は終了することになりますが（信法163条2号）、今日子さん死亡後の二次受益者を純生さんと浩二さんにしているため、相続開始後1年で信託は終了することなく継続可能です。

（委託者の死亡後の地位と権利）

第9条 委託者の死亡により、委託者の地位は、受益権割合の過半数を有する受益者へ順次移転し、当初委託者の権利は消滅する。

> ＜解説＞
> 委託者が死亡しても委託者の地位と権利は承継されるので浩二さんの同意を得る必要が出てきます。今日子さんの希望は純生さんやめぐみさんを中心とした資産承継なので、このように別段の定めをしました。

（信託の変更）
第10条　受託者および受益者または受益者代理人の合意により、本契約の内容を変更することができる。

> <解説>
> 信託の変更は原則、委託者、受託者、受益者の三者で行いますが（信法149条1項）、信託の変更は信託行為に別段の定めで決められますので（信法149条4項）、受託者および受益者または受益者代理人の合意で信託の変更ができるようにしました。

（信託の終了）
第11条　本信託は、受託者および受益者または受益者代理人が合意したときに終了する。

> <解説>
> もし、今日子さんの死亡で信託を終了してしまうと、信託不動産が今日子さんの死亡により通常の不動産になってしまい、帰属権利者を純生さんと浩二さんに指定しておいたとしても結局、兄弟2人の共有不動産になってしまいます。不動産を共有で所有することは、処分などについて両者の協議が調わない場合には、凍結になります。もともと、本ケースでの大きな懸念は、今日子さんの相続手続きが純生さんと浩二さんの不仲によりスムーズに進まないことでした。今日子さん死亡後に不動産が純生さんと浩二さんの共有となると、信託をしてもしなくても、同様の結果になってしまいます。なので終了事由は、決して今日子さんの死亡と設定してはいけません。

（残余財産の権利帰属者）
第12条　本信託が終了したときの帰属権利者は最終の受益者とする。

> <解説>
> 信託終了時の帰属権利者は最終の受益者にします。信託の終了により最終の受益者と帰属権利者が異なると、受益権の移転があったものとして贈与税が発生してしまうからです。

（契約に定めのない事項）

第13条 本信託に記載のない事項は、受託者および受益者または受益者代理人が協議のうえ決定する。

上記契約の成立を証するため、本契約書2部を作成し、甲乙が各一部を保管する。

平成〇〇年〇〇月〇〇日

甲
委託者　〇〇市〇〇町〇〇丁目〇〇番〇〇号　佐藤今日子　印
乙
受託者　〇〇市〇〇町〇〇丁目〇〇番〇〇号　佐藤純生　印

物件目録
　　不動産の表示
　　　　所　在　〇〇市〇〇区〇〇
　　　　地　番　〇〇番〇〇
　　　　地　目　宅地
　　　　地　積　〇〇.〇〇平方メートル

3 委任および任意後見契約公正証書の作成、信託契約書の宣誓認証

委任および任意後見契約公正証書の作成、信託契約書の宣誓認証の基本については51〜52ページをご参照ください。

4 所有権移転登記と信託登記を申請

実家信託の登記をするときは、受託者への所有権移転登記申請とともに信託の登記を1つの申請書で行うことになります。

実家の評価については、固定資産税評価額（土地：2,500万円、家屋：500万円）に基づいて以下のように記載します。

◆登記申請書

登記申請書

登記の目的　所有権移転および信託※1
原　　因　　平成○○年○○月○○日信託※2
権利者　　　○○市○○　佐藤純生※3
義務者　　　○○市○○　佐藤今日子※4
添付書類　　登記原因証明情報※5　登記済証/登記識別情報※6
　　　　　　信託目録に記録すべき情報※7
印鑑証明書　住所証明書　代理権限証書
　送付の方法により登記完了証の交付を希望します。
　　送付先：資格者代理人の事務所あて
　送付の方法により登記識別情報通知書の交付を希望します。
　　送付先：資格者代理人の事務所あて
平成○○年○○月○○日申請　　　　　　　　○○法務局御中

```
       代理人        ○○市○○町○○丁目○○番○○号
                              ○○○○      印
   課税価格※8   土  地   金2,500万円
              建  物   金500万円
   登録免許税※9
              信託分   土  地   金7万5,000円
                     租税特別措置法第72条第1項による
                     建  物   金2万円
                     合  計   金9万5,000円
              移転分   登録免許税法7条1項1号により非課税
   不動産の表示    略
```

※1 信託の登記の申請は所有権移転の登記の申請と同時にしなければならないので、登記の目的は「所有権移転および信託」となる。
※2 信託の効力が生じた日、すなわち、信託契約締結日となる。
※3 登記権利者は受託者である純生さんとなる。
※4 登記義務者は委託者である今日子さんとなる。
※5 権利に関する登記を申請する場合には、申請人は、法令に別段の定めがある場合を除き、その申請情報と併せて登記原因を証する情報を提供しなければならない（不登法61条）。信託契約書もしくは登記原因証明情報になるが、筆者は信託目録に記録すべき情報を明示するため、登記原因証明情報を作成し、登記権利者および登記義務者（報告形式の登記原因証明情報の場合には登記義務者のみ）の記名・押印をいただいている。
　　◆登記原因証明情報には、
　　①信託契約当事者（委託者・受託者）
　　②対象不動産
　　③信託契約の年月日
　　④信託目録に記録すべき情報
　　⑤信託契約締結の事実
　　⑥信託契約に基づき所有権が移転したこと
　　を内容とする（注1）。
※6 登記義務者が所有権移転の登記を受けたときの登記識別情報もしくは登記済証を提供する。
※7 信託の登記を申請する場合、信託目録に記録すべき情報を記録した磁気ディスク（CD-R）の提出を行っている。テキストファイル、ワード、エクセル、一太郎で作

（※1）『信託登記の実務』（日本加除出版）

成すればよい。
※8 課税価格として、土地・建物の登記時の固定資産課税台帳の登録価格を記載する。
※9 登録免許税は、所有権移転の登記分と信託の登記分の合計金額の記載になる。
【信託の登記の登録免許税】
原則は不動産価額の1,000分の4の額（登録免許税法別表第一、1、(十)イ）。ただし土地に関する所有権の信託の登記の税率については、措法72条1項2号で1,000分の3に軽減されている（平成25年4月1日から平成29年3月31日まで）。
所有権移転の登記の登録免許税は非課税である

◆添付書類

　不動産登記の信託目録には、契約書のすべてを記載する必要はありません。不動産登記事項証明書は誰でも取得できるものですので、すべてを登記してしまうと、遺言の内容をオープンにしてしまうことと同様の効果になってしまいます。

　不動産登記法97条には「受益者の指定に関する条件または受益者を定める方法の定めがあるときは、その定め」、「受益者代理人があるときは、その氏名または名称および住所」等のいずれかを登記したときは、受益者の氏名または名称および住所を登記することを要しないとされています。つまり実家信託契約書を登記原因証明情報としてしまうと、信託目録に書くべき内容と書かない内容を分けることができなくなってしまいます。

　そこで、信託目録の内容を明確にした登記原因証明情報の作成が望まれます。

◆登記原因証明情報

登記原因証明情報

1．登記申請情報の要項
　（1）　登記の目的　　　所有権移転および信託
　（2）　登記の原因　　　平成○○年○○月○○日信託

（3）当　事　者
　　　　権利者（受託者）　○○市○○　佐藤純生
　　　　義務者（委託者）　○○市○○　佐藤今日子
　（4）不　動　産　　　別紙のとおり

2．登記の原因となる事実または法律行為
　（1）信託契約の締結
　　　　受託者佐藤純生と委託者佐藤今日子は、平成○○年○○月○○日、下記「信託目録に記載すべき事項」を信託の内容とする民事信託契約を締結した。

　　　　　　　　　　　　記

信託目録に記載すべき事項※
　　　　委託者の氏名住所　○○市○○　佐藤今日子
　　　　受託者の氏名住所　○○市○○　佐藤純生
　　　　受益者の氏名住所　○○市○○　佐藤今日子
　　　　受益者代理人　　　○○市○○　佐藤めぐみ
1、信託の目的
　　委託者 佐藤今日子（以下「甲」という）は、財産の管理・運用・処分を目的として、本信託契約第2条記載の佐藤今日子の財産（以下「信託財産」という）を受託者 佐藤純生（以下「乙」という）へ信託し、乙はこれを受託し、次のとおり信託契約（以下「本信託契約」という）を締結した。
　　　　　　　　　（以下、略）
2、信託財産の管理・運用・処分の方法
　1　受託者は、信託不動産の管理・運用・処分は、受託者が適当と認める方法、時期および範囲において、自らの裁量で行う。

2　受託者は、信託不動産の管理事務の全部または一部について、受託者が相当と認める第三者に委託することができる。
　3　本信託財産に対する公租公課、その他の本信託財産の管理に要する費用、信託事務の処理に必要な諸費用については受益者の固有財産もしくは信託金銭から支弁する。
3、信託の終了事由
　　本信託は、受託者および受益者または受益者代理人が合意したときに終了する。
4、その他の信託条項
　1　受託者は、本信託契約の本旨に従い、受益者の利益のために忠実に信託事務の処理その他の行為を行い、自己の財産に対するのと同一の注意をもって信託事務を処理する。
　2　信託法56条1項各号において受託者の任務が終了した場合に新受託者となるべき者は受益者もしくは受益者代理人が選任する。
　3　受益者の有する受益権割合の過半数の一致によって受益者代理人を変更することができる。
　4　甲死亡後の受益権の取得については、平成〇〇年〇〇月〇〇日付実家信託契約（同日〇〇公証人、第〇〇番にて認証済）に記載したとおりとする。
　5　受託者および受益者または受益者代理人の合意により、本契約の内容を変更することができる。
　6　本信託が終了したときの帰属権利者は最終の受益者とする。
　7　本信託に記載のない事項は、受託者および受益者または受益者代理人が協議のうえ決定する。

※信託目録に記載する事項は、
1　委託者に関する事項
2　受託者に関する事項
3　受益者に関する事項等
4　信託条項
　　①信託の目的
　　②信託財産の管理方法
　　③信託の終了の事由
　　④その他の信託の条項

◆登記記録例

権利部（甲区）（所有権に関する事項）			
順位番号	登記の目的	受付年月日・受付番号	権利者その他の事項
2	所有権移転	平成○○年○○月○○日 第○○号	原因　平成○○年○○月○○日相続 所有者　○○市○○　佐藤今日子
3※10	所有権移転	平成○○年○○月○○日 第○○号	原因　平成○○年○○月○○日信託※12 受託者　○○市○○　佐藤純生※13
	信　託※11	余　白	信託目録第1号※14

信託目録		調　製	余　白
番　号	受付年月日・受付番号	予　備	
第1号	平成○○年○○月○○日 第○○号	余　白	
1　委託者に関する事項	○○市○○　佐藤今日子		
2　受託者に関する事項	○○市○○　佐藤純生		
3　受益者に関する事項等	受益者　○○市○○　佐藤今日子		

4 信託条項※15	1、信託の目的 　委託者 佐藤今日子（以下「甲」という）は、財産の管理・運用・処分を目的として、本信託契約第2条記載の佐藤今日子の財産（以下「信託財産」という）を受託者 佐藤純生（以下「乙」という）へ信託し、乙はこれを受託し、次のとおり信託契約（以下「本信託契約」という）を締結した。（以下、略） 2、信託財産の管理・運用および処分の方法 　略 3、信託の終了事由 　略 4、その他の信託条項 　略

※10 所有権移転と同時に信託の登記を申請したため、登記官は権利部の相当区に一の順位番号を用いて記録しなければならない（不登規175条1項）。
※11 所有権移転と同一の順位番号に登記の目的は「信託」と記録される。
※12 原因は、「平成○○年○○月○○日信託」と記録される。
※13 権利者の表記は「受託者」と記録され、「所有者」ではない。
※14 信託に関する内容については、信託目録で公示されるため、甲区欄には信託目録の番号のみ記録される。なお、信託目録の目録番号は不動産ごとに異なる目録番号が付される。
※15 上記以外の信託の登記の登記事項を明らかにするために、信託条項には第三者対抗要件が必要な事項を記録する。

5　「信託口」の預金口座を開設

　佐藤純生名義の個人口座とは明確に区別できるように、「委託者兼受益者佐藤今日子　受託者佐藤純生　信託口」、「受託者佐藤純生信託口」等の名称で信託口座を金融機関で開設します。信託口座については99〜100ページをご参照ください。

6　実家信託の税務の取扱い

（1）　信託設定時の受託者の義務

　受益者今日子さんが信託されている実家を有するものとみなすので、課税の主体は移動していません。売買や贈与ですと、登録免許税（2％）、不動産取得税（3～4％）、贈与税が課税され、譲渡益課税もされますが、自益信託ですと、不動産の名義変更にかかるのは、登録免許税0.4％のみで、不動産取得税はかかりませんし、譲渡益課税もありません。
　「信託に関する受益者別調書」「信託に関する受益者別調書合計表」も自益信託ですので提出の必要はありません。

（2）　信託期間中の義務

　受託者は、原則、信託計算書を、毎年1月31日までに税務署長に提出しなければなりません（所法227条、所規別表七（一））。ただし、各人別の信託財産に帰せられる収益の額の合計額が3万円以下であるとき（一定の場合を除きます）は、信託計算書の提出は必要ありません。そこで、実家を賃貸していない場合や売却しない場合など収益を生じない場合は信託計算書の提出は必要ありません。
　しかし、実家を賃貸することになれば、賃料が入り収益が生じてくるので、信託計算書の提出は必要です。

（3）　決算書類の作成義務

　信託設定当初は今日子さんが住んでいる実家に関してなので、金銭の出入りは固定資産税程度になります。しかし、信託法で規定されているので、決算書類を作成します（105ページ参照）。

7　母今日子さんが死亡した場合

　母今日子さんが亡くなった場合、どうなるでしょうか？　遺言書がないので、通常ですと純生さんは浩二さんとの間で遺産分割協議をしなければ土地や家屋、預貯金が凍結するはずでした。しかし、今日子さんの生前にすでに信託によって名義は純生さんへ変更されていたので、もはや相続による所有権移転登記は必要ありません。また、預貯金はすべて金融機関の信託口へ1つにまとめていたため、病院の費用や葬儀費用、相続税の支払い作業が純生さん独りの手続きで可能となります。

【信託期間中に母今日子さんが亡くなったときの受託者の仕事】

(1)　税務について

　信託契約で、委託者兼受益者である今日子さんが死亡した場合に純生さん、浩二さんが受益権を取得する旨の記載があるので、上記2名が相続財産を取得したとみなされます。

①　信託受益権の評価＝所有権の評価（相続税の評価）

　純生さん、浩二さんが取得した信託受益権は、要件を満たせば、「小規模宅地等の特例が使えます。

　相続税申告書の第11表の「種類」は「みなし相続財産」で、「細目」は、「信託受益権（土地）」や「信託受益権（家屋）」などと記載します。評価額は通常の所有権と同じです。

　受益者が純生さんと浩二さんに変更になるので、受益者の変更（相続の発生）が生じた日の属する月の翌月末日までに「信託に関する受益者別調書」および「信託に関する受益者別調書合計表」を税務署に提出しなければなりません（相法59条2項）。

第4章 「実家信託」で実家を貸す！

◆相続税申告書（第11表）

相続税がかかる財産の明細書
（相続時精算課税適用財産を除きます。）

第11表（平成21年4月分以降用）

被相続人

この表は、相続や遺贈によって取得した財産及び相続や遺贈によって取得したものとみなされる財産のうち、相続税のかかるものについての明細を記入します。

遺産の分割状況	区　分	1 全部分割	2 一部分割	3 全部未分割
	分割の日	・　・	・　・	

財産の明細							分割が確定した財産	
種類	細目	利用区分、銘柄等	所在場所等	数量 固定資産税評価額	単価 倍数	価額	取得した人の氏名	取得財産の価額
その他の財産	信託受益権（土地）	自用地（居住用）	○○市○○丁目○○	円	円	円	純生	○○ 円
		自用地（居住用）	○○市○○丁目○○				浩二	○○

◆信託に関する受益者別（委託者別）調書（建物）

信託に関する受益者別（委託者別）調書

受益者 特定委託者 又は 委託者	住所 （居所） 又は 所在地	○○市○○町○○丁目○○番○○号	氏名又は名称	○○○○	○個人番号又は法人番号（12桁）を記載する場合には、右詰で記載します。
			個人番号又は法人番号		
		○○市○○町○○丁目○○番○○号	氏名又は名称	○○○○	
			個人番号又は法人番号		
信託財産の種類	信託財産の所在場所	構造・数量等	信託財産の価額		
建物	○○市○○町○○丁目○○番○○号	100㎡	○○		
信託に関する権利の内容	信託の期間	提出事由	提出事由の生じた日	記号番号	
	自 至	相続	平成○○・○○・○○		
（摘要） 別紙添付契約書記載のとおり			（平成　年　月　日提出）		
受託者	所在地又は住所（居所）	○○市○○町○○丁目○○番	（電話）		
	営業所、事務所の所在地等		（電話）		
	名称又は氏名	佐藤純生			
	法人番号又は個人番号				
整理欄	①		②		

◆信託に関する受益者別(委託者別)調書(金銭)

◆信託に関する受益者別(委託者別)調書(土地)

② 登記、法務について

　受益者である今日子さんが死亡した場合、不動産の名義は受託者である純生さんのまま変わりませんので、不動産の相続による所有権移転の手続きは不要です。

　受益者については、信託契約で死亡後の受益者の順位を決めてあるの

で、純生さんと浩二さんに変わります。これに基づき、信託目録の「受益者の変更」を申請します。この不動産登記にかかる登録免許税は、不動産1筆につき1,000円です。

◆登記申請書

登記申請書

登記の目的	受益者変更[1]
原　因	平成〇〇年〇〇月〇〇日佐藤今日子死亡[2]
変更後の事項	受益者変更
	受益者に関する事項等
	〇〇市〇〇　受益権割合4分の3　佐藤純生[3]
	〇〇市〇〇　受益権割合4分の1　佐藤浩二
申請人	〇〇市〇〇　佐藤純生　[4]
添付書類[5]	登記原因証明情報[6]　　代理権限証書[7]

平成〇〇年〇〇月〇〇日申請　　　　　　〇〇法務局御中
代理人　　　　〇〇市〇〇町〇〇丁目〇〇番〇〇号
　　　　　　　　　　　〇〇〇〇　　印

登録免許税　　金2,000円
不動産の表示　略

※1　登記の目的は、信託目録の受益者に関する事項等欄の受益者の変更の登記である。
※2　登記原因日付は当初受益者の死亡日で、原因は【当初受益者名】死亡とする。
※3　変更後の事項は、次順位の受益者の住所と氏名を記載する。
※4　申請人として受託者を記載する。
※5　添付書類に登記識別情報や登記済証は添付不要
※6　登記原因証明情報は、当初受益者が亡くなった記載のある戸籍謄本
※7　受託者から司法書士への登記申請代理を委任する委任状

◆委任状

委　任　状

　私は、司法書士○○○○を代理人と定め、次の登記申請に関する一切の権限を委任します。

記

1．不動産の表示　　後記のとおり
1．登記の目的　　　受益者の変更
1．原　　因　　　　平成○○年○○月○○日佐藤今日子死亡
1．変更後の事項　　受益者変更
　　　　　　　受益者に関する事項等
　　　　　　　　○○市○○　受益権割合4分の3　佐藤純生
　　　　　　　　○○市○○　受益権割合4分の1　佐藤浩二
1．申　請　人　　　○○県○○市　○○丁目○○番○○号
　　　　　　　　　　　　　　　　　　　　　　佐藤純生

　　年　　月　　日
　　　　住　　所　　　○○県○○市　○○丁目○○番○○号
　　　　氏　　名　　　○○○○

不動産の表示および信託目録の表示

略

◆登記記録例

権利部(甲区)(所有権に関する事項)			
順位番号	登記の目的	受付年月日・受付番号	権利者その他の事項
2	所有権移転	平成○○年○○月○○日 第○○号	原因　平成○○年○○月○○日相続 所有者　○○市○○　佐藤今日子
3※10	所有権移転	平成○○年○○月○○日 第○○号	原因　平成○○年○○月○○日信託※12 受託者　○○市○○　佐藤純生※13
	信託※11	余白	信託目録第1号※14

信託目録			調製	余白
番号		受付年月日・受付番号	予備	
第1号		平成○○年○○月○○日 第○○号	余白	
1 委託者に関する事項		○○市○○　佐藤今日子		
2 受託者に関する事項		○○市○○　佐藤純生		
3 受益者に関する事項		<u>受益者　○○市○○　佐藤今日子</u>		
		受益者変更 平成○○年○○月○○日　第○○○○号 原因　平成○○年○○月○○日佐藤今日子死亡 受益者 　○○市○○ 　受益権割合4分の3　佐藤純生 　○○市○○ 　受益権割合4分の1　佐藤浩二		

4 信託条項	1、信託の目的 略

8 信託の目的にしたがって実家を貸す

　純生さんは信託の目的にしたがって、下記の契約書に基づいて実家を貸すことにしました。建物を賃貸するに際して躊躇するのは、従来型の賃貸借契約は、正当事由（貸主がその建物を自己使用する理由など）が存在しない限り、家主からの更新拒絶ができず、自動的に契約が更新されるという、賃借人がかなり強い権利を持っている理由によると思います。従来型の賃貸借契約は上記の理由により、貸主が借主に明け渡しを求めるときに高額の立退料を支払わなければならない実務上の慣行があり、これが実家を貸すことの大きな阻害要因になっています。

　一方、定期建物賃貸借契約は、契約で定めた期間の満了により、更新されることなく確定的に賃貸借契約が終了する契約です。したがって定期借家契約を締結した場合は、立退料を支払うことなく、建物を明け渡してもらえるとされています。

　本件の実家を賃貸する目的は賃料を得ることが大きな目的ではなく、実家を売りたくない、大切に有効活用してほしいという気持ちからの賃貸ですので、通常の家賃相場よりも低い賃料設定が可能となるでしょう。一方、借りる人は、定期建物賃貸借契約でも相場より低めの家賃で借りるメリットがあるので、従前型の賃貸借契約で強い権利が主張できなくても納得はできるのではないかと考えます。

　ただし、借主として考えると、契約期間が満了すると借家契約が必ず終了するので貸主から居宅を出るように言われた場合、困ってしまいます。

　定期建物賃貸借契約はこのように更新がないので、期間が満了すると借家契約は終了しますが、同じ借家人と同じ建物で再度の定期建物賃貸

借契約を締結すること(これを「再契約」といいます)は認められていま
す[注2]。

　そこで一定の規定に基づいて再契約を保証する「再契約保証型」の定
期建物賃貸借の活用が考えられます。

　以下、定期建物賃貸借の解説と国土交通省の「定期賃貸住宅標準契約
書」をご紹介するとともに、再契約保証型へ一部変更を加えた契約書を
192ページでご案内します。なお、定期建物賃貸借契約は、専門的な知
識を要する場面も多いので、契約を締結する際には、専門家のアドバイ
スを仰いだほうがよいでしょう。

(1) 定期建物賃貸借(国土交通省のHPより抜粋)

① 定期建物賃貸借とは

　従来型の賃貸借契約は、「正当事由」がある場合でなければ、賃貸人
(貸主)から契約の更新拒絶や解約の申し入れができないこととされ
てきました。これに対し、契約で定めた期間が満了することにより、
更新されることなく、確定的に賃貸借が終了する建物賃貸借のことを
定期建物賃貸借といいます。

② 定期建物賃貸借契約の締結

　定期建物賃貸借は、内容的な要件としては期間を確定的に定めるこ
とが第一に必要です。この制度では、借地借家法第29条に定める1
年未満の建物賃貸借を期間の定めのないものとみなす規定は適用され
ないこととされており、1年未満でもよいこととなっています。定
期建物賃貸借は、借地借家法38条に規定されていますが、形式上の
要件として、「公正証書による等書面によって契約するときに限って、
定めることができる」(借地借家法38条1項)ものとされています。この
場合、貸主は借主に対して契約の更新はなく、期間の満了とともに契

注2　『空室ゼロをめざす＜使える＞定期借家契約の実務応用プラン—「再契約保証型」定期借
　　　家契約のすすめ—』秋山英樹、江口正夫、林弘明(プログレス)

約が終了することを、契約書とは別にあらかじめ書面を交付して説明しなければなりません(借地借家法38条2項)。

　貸主がこの説明を怠ったときは、その契約は定期借家としての効力は否定され、従来型の、契約の更新のある借家契約となります。

③　定期建物賃貸借契約の終了

　定期建物賃貸借契約においては、契約期間が1年以上の場合は、貸主は期間満了の1年前から6ヵ月前までの間(「通知期間」といわれています)に、借主に契約が終了することを通知する必要があります。なお、期間満了前に、引き続きその建物を使用することについて当事者双方が合意すれば、再契約したうえで、引き続きその建物を使用することは可能です。

④　契約の中途解約

　居住用建物の定期建物賃貸借契約では、契約期間中に、借主にやむを得ない事情(転勤、療養、親族の介護など)が発生し、その住宅に住み続けることが困難となった場合には、借主から解約の申し入れができることとなっています(借地借家法38条5項)。この場合、解約の申し入れの日から1ヵ月が経過すれば、契約が終了します。なお、この解約権が行使できるのは、床面積が200㎡未満の住宅に居住している借主に限られます。

⑤　借賃の改定の特約

　定期建物賃貸借契約では、賃料の改訂に関し特約をすれば、家賃増減請求権の適用はないものとされています(借地借家法38条7項)。

	定期借家契約	従来型の借家契約
1.契約方法	①公正証書等の書面による契約に限る ②さらに、「更新がなく、期間の満了により終了する」ことを契約書とは別に、あらかじめ書面を交付して説明しなければならない	書面でも口頭でも可
2.更新の有無	期間満了により終了し、更新はない	正当事由がない限り更新
3.建物の賃貸借期間の上限	無制限	2000年3月1日より前の契約…20年 2000年3月1日以降の契約…無制限
4.期間を1年未満とする建物賃貸借の効力	1年未満の契約も可能	期間の定めのない賃貸借とみなされる
5.建物賃借料の増減に関する特約の効力	賃借料の増減は特約の定めに従う	特約にかかわらず、当事者は、賃借料の増減を請求できる
6.中途解約の可否	①床面積が200㎡未満の居住用建物で、やむを得ない事情により、生活の本拠として使用することが困難となった借家人からは、特約がなくても法律により、中途解約ができる ②①以外の場合は中途解約に関する特約があればその定めに従う	中途解約に関する特約があれば、その定めに従う

（国土交通省ＨＰより引用）

◆定期賃貸住宅標準契約書(改訂版)

定期賃貸住宅標準契約書(改訂版)

(1) 賃貸借の目的物

建物の名称・所在地等	名　　称							
	所 在 地							
	建て方	同建共同建長屋建一戸建その他		構造	木造非木造(　　　)		工事完了年	年
						階建	大規模修繕を(　　)年実　　施	
				戸数		戸		
住戸部分	住戸番号		号室	間取り	(　　) LDK・DK・K／ワンルーム／			
	面　積				㎡　(それ以外に、バルコニー＿＿＿＿㎡)			
	設備等	トイレ		専用(水洗・非水洗)・共用(水洗・非水洗)				
		浴室		有・無				
		シャワー		有・無				
		洗面台		有・無				
		洗濯機置場		有・無				
		給湯設備		有・無				
		ガスコンロ・電気コンロ・IH調理器		有・無				
		冷暖房設備		有・無				
		備え付け照明設備		有・無				
		オートロック		有・無				
		地デジ対応・CATV対応		有・無				
		インターネット対応		有・無				
		メールボックス		有・無				
		宅配ボックス		有・無				
		鍵		有・無　(鍵No.　　　　　・　　本)				
				有・無				
				有・無				
	使用可能電気容量		(　　　　　)アンペア					
	ガス		有(都市ガス・プロパンガス)・無					
	上水道		水道本管より直結・受水槽・井戸水					
	下水道		有(公共下水道・浄化槽)・無					
付属施設	駐車場		含む・含まない	台分(位置番号：　　　　)				
	自転車置場		含む・含まない	台分(位置番号：　　　　)				
	バイク置場		含む・含まない	台分(位置番号：　　　　)				
	物置		含む・含まない					
	専用庭		含む・含まない					

1

(2) 契約期間

始 期	年　　　月　　　日から	年　　　月間
終 期	年　　　月　　　日まで	

（契約終了の通知をすべき期間　　年　　月　　日から　　年　　月　　日まで）

(3) 賃料等

賃料・共益費	支払期限	支払方法	
賃　料 円	当月分・翌月分を 毎月　　　　日まで	振込、 口座 振替 又は 持参	振込先金融機関名： 預金：普通・当座 口座番号： 口座名義人 振込手数料負担者：貸主・借主 持参先：
共益費 円	当月分・翌月分を 毎月　　　　日まで		
敷　金	賃料　か月相当分 円		
附属施設使用料			
そ の 他			

(4) 貸主及び管理業者

貸　主 (社名・代表者)	住所〒 氏名　　　　　　　電話番号
管理業者 (社名・代表者)	住所〒 氏名　　　　　　　電話番号 賃貸住宅管理業者登録番号　国土交通大臣（　）第　　　号

＊貸主と建物の所有者が異なる場合は、次の欄も記載すること。

建物の所有者	住所〒 氏名　　　　　　　電話番号

(5) 借主及び同居人

	借　主	同　居　人
氏　名	（氏名） （年齢）　　歳	（氏名）　　　　　　　（年齢）　　歳 （氏名）　　　　　　　（年齢）　　歳 （氏名）　　　　　　　（年齢）　　歳 合計　　　　人
緊急時の連絡先	住　所〒 氏　名　　　　電話番号　　　　借主との関係	

（国土交通省HPより）

（契約の締結）
第1条 貸主（以下「甲」という。）及び借主（以下「乙」という。）は、頭書(1)に記載する賃貸借の目的物（以下「本物件」という。）について、以下の条項により借地借家法（以下「法」という。）第38条に規定する定期建物賃貸借契約（以下「本契約」という。）を締結した。
（契約期間）
第2条 契約期間は、頭書(2)に記載するとおりとする。
2 本契約は、前項に規定する期間の満了により終了し、更新がない。ただし、甲及び乙は、協議の上、本契約の期間の満了の日の翌日を始期とする新たな賃貸借契約（以下「再契約」という。）をすることができる。
3 甲は、第1項に規定する期間の満了の1年前から6月前までの間（以下「通知期間」という。）に乙に対し、期間の満了により賃貸借が終了する旨を書面によって通知するものとする。
4 甲は、前項に規定する通知をしなければ、賃貸借の終了を乙に主張することができず、乙は、第1項に規定する期間の満了後においても、本物件を引き続き賃借することができる。ただし、甲が通知期間の経過後乙に対し期間の満了により賃貸借が終了する旨の通知をした場合においては、その通知の日から6月を経過した日に賃貸借は終了する。
（再契約の保証）
第3条 甲は乙に対し、乙が下記各号に定める再契約拒絶事由に該当しない限り、4回の再契約による本契約締結日から10年間の使用収益の継続を保証するものとし、甲および乙は、同期間中は再契約をするものとする。

記

一 本建物において騒音や悪臭等を発生させたり、地域で定めたゴミ出しルールを守らない等、近隣住民から苦情を受け、甲から2回以上書面にて注意を受けたとき
二 ペット飼育禁止特約に反してペットを飼育したり、甲から2回以上書面にて注意を受けたとき
三 本物件のリフォーム、大修繕、建て替えおよび取り壊しを理由に甲から期間満了6ヶ月前までに通知を受けたとき

2 前項の再契約保証期間において、再契約を締結する場合においても前条3項の通知は行うものとする。
（使用目的）
第4条 乙は、居住のみを目的として本物件を使用しなければならない。
（賃料）
第5条 乙は、頭書(3)の記載に従い、賃料を甲に支払わなければならない。
2 1か月に満たない期間の賃料は、1か月を30日として日割計算した額とする。
3 甲及び乙は、次の各号の一に該当する場合には、協議の上、賃料を改定することができる。
一 土地又は建物に対する租税その他の負担の増減により賃料が不相当となった場合
二 土地又は建物の価格の上昇又は低下その他の経済事情の変動により賃料が不相当となった場合
三 近傍同種の建物の賃料に比較して賃料が不相当となった場合
（共益費）
第6条 乙は、階段、廊下等の共用部分の維持管理に必要な光熱費、上下水道使用料、清掃費等（以下この条において「維持管理費」という。）に充てるため、共益費を甲に支払うものとする。
2 前項の共益費は、頭書(3)の記載に従い、支払わなければならない。
3 1か月に満たない期間の共益費は、1か月を30日として日割計算した額とする。
4 甲及び乙は、維持管理費の増減により共益費が不相当となったときは、協議の上、共益費を改定することができる。
（敷金）
第7条 乙は、本契約から生じる債務の担保として、頭書(3)に記載する敷金を甲に預け入れるものとする。
2 乙は、本物件を明け渡すまでの間、敷金をもって賃料、共益費その他の債務と相殺をすることができない。

3 甲は、本物件の明渡しがあったときは、遅滞なく、敷金の全額を無利息で乙に返還しなければならない。ただし、甲は、本物件の明渡し時に、賃料の滞納、第15条に規定する原状回復に要する費用の未払いその他の本契約から生じる乙の債務の不履行が存在する場合には、当該債務の額を敷金から差し引くことができる。
4 前項ただし書の場合には、甲は、敷金から差し引く債務の額の内訳を乙に明示しなければならない。
（反社会的勢力の排除）
第8条 甲及び乙は、それぞれ相手方に対し、次の各号の事項を確約する。
　一 自らが、暴力団、暴力団関係企業、総会屋若しくはこれらに準ずる者又はその構成員（以下総称して「反社会的勢力」という。）ではないこと。
　二 自らの役員（業務を執行する社員、取締役、執行役又はこれらに準ずる者をいう）が反社会的勢力ではないこと。
　三 反社会的勢力に自己の名義を利用させ、この契約を締結するものでないこと。
　四 自らまたは第三者を利用して、次の行為をしないこと。
　　ア 相手方に対する脅迫的な言動又は暴力を用いる行為
　　イ 偽計または威力を用いて相手方の業務を妨害し、または信用を毀損する行為
（禁止又は制限される行為）
第9条 乙は、甲の書面による承諾を得ることなく、本物件の全部又は一部につき、賃借権を譲渡し、又は転貸してはならない。
2 乙は、甲の書面による承諾を得ることなく、本物件の増築、改築、移転、改造若しくは模様替又は本物件の敷地内における工作物の設置を行ってはならない。
3 乙は、本物件の使用に当たり、別表第1に掲げる行為を行ってはならない。
4 乙は、本物件の使用に当たり、甲の書面による承諾を得ることなく、別表第2に掲げる行為を行ってはならない。
5 乙は、本物件の使用に当たり、別表第3に掲げる行為を行う場合には、甲に通知しなければならない。
（契約期間中の修繕）
第10条 甲は、乙が本物件を使用するために必要な修繕を行わなければならない。この場合において、乙の故意又は過失により必要となった修繕に要する費用は、乙が負担しなければならない。
2 前項の規定に基づき甲が修繕を行う場合は、甲は、あらかじめ、その旨を乙に通知しなければならない。この場合において、乙は、正当な理由がある場合を除き、当該修繕の実施を拒否することができない。
3 乙は、甲の承諾を得ることなく、別表第4に掲げる修繕を自らの負担において行うことができる。
（契約の解除）
第11条 甲は、乙が次に掲げる義務に違反した場合において、甲が相当の期間を定めて当該義務の履行を催告したにもかかわらず、その期間内に当該義務が履行されないときは、本契約を解除することができる。
　一 第5条第1項に規定する賃料支払義務
　二 第6条第2項に規定する共益費支払義務
　三 前条第1項後段に規定する費用負担義務
2 甲は、乙が次に掲げる義務に違反した場合において、甲が相当の期間を定めて当該義務の履行を催告したにもかかわらず、その期間内に当該義務が履行されずに当該義務違反により本契約を継続することが困難であると認められるに至ったときは、本契約を解除することができる。
　一 第4条に規定する本物件の使用目的遵守義務
　二 第9条各項に規定する義務（ただし、同条第3項に規定する義務のうち、別表第1第六号から第八号に掲げる行為に係るものを除く）
　三 その他本契約書に規定する乙の義務
3 甲又は乙の一方について、次のいずれかに該当した場合には、その相手方は、何らの催告も要せずして、本契約を解除することができる。
　一 第8条各号の確約に反する事実が判明した場合
　二 契約締結後に自ら又は役員が反社会的勢力に該当した場合
4 甲は、乙が別表第1第六号から第八号に掲げる行為を行った場合は、何らの催告も要せずして、本契約を解除することができる。

（乙からの解約）
第12条　乙は、甲に対して少なくとも1月前に解約の申入れを行うことにより、本契約を解約することができる。
2　前項の規定にかかわらず、乙は、解約申入れの日から1月分の賃料（本契約の解約後の賃料相当額を含む。）を甲に支払うことにより、解約申入れの日から起算して1月を経過する日までの間、随時に本契約を解約することができる。
（契約の消滅）
第13条　本契約は、天災、地変、火災、その他甲乙双方の責めに帰さない事由により、本物件が滅失した場合、当然に消滅する。
（明渡し）
第14条　乙は、本契約が終了する日（甲が第2条第3項に規定する通知をしなかった場合においては、同条第4項ただし書きに規定する通知をした日から6月を経過した日）までに（第11条の規定に基づき本契約が解除された場合にあっては、直ちに）、本物件を明け渡さなければならない。
2　乙は、前項の明渡しをするときには、明渡し日を事前に甲に通知しなければならない。
（明渡し時の原状回復）
第15条　乙は、通常の使用に伴い生じた本物件の損耗を除き、本物件を原状回復しなければならない。
2　甲及び乙は、本物件の明渡し時において、契約時に特約を定めた場合は当該特約を含め、別表第5の規定に基づき乙が行う原状回復の内容及び方法について協議するものとする。
（立入り）
第16条　甲は、本物件の防火、本物件の構造の保全その他の本物件の管理上特に必要があるときは、あらかじめ乙の承諾を得て、本物件内に立ち入ることができる。
2　乙は、正当な理由がある場合を除き、前項の規定に基づく甲の立入りを拒否することはできない。
3　本契約終了後において本物件を賃借しようとする者又は本物件を譲り受けようとする者が下見をするときは、甲及び下見をする者は、あらかじめ乙の承諾を得て、本物件内に立ち入ることができる。
4　甲は、火災による延焼を防止する必要がある場合その他の緊急の必要がある場合においては、あらかじめ乙の承諾を得ることなく、本物件内に立ち入ることができる。この場合において、甲は、乙の不在時に立ち入ったときは、立入り後その旨を乙に通知しなければならない。
（連帯保証人）
第17条　連帯保証人は、乙と連帯して、本契約から生じる乙の債務（甲が第2条第3項に規定する通知をしなかった場合においては、同条第1項に規定する期間内のものに限る。）を負担するものとする。
（再契約）
第18条　甲は、再契約の意向があるときは、第2条第3項に規定する通知の書面に、その旨を付記するものとする。
2　再契約をした場合は、第14条の既定は適用しない。ただし、本契約における原状回復の債務の履行については、再契約に係る賃貸借が終了する日までに行うこととし、敷金の返還については、明渡しがあったものとして第7条第3項に規定するところによる。
（協議）
第19条　甲及び乙は、本契約書に定めがない事項及び本契約書の条項の解釈について疑義が生じた場合は、民法その他の法令及び慣行に従い、誠意をもって協議し、解決するものとする。
（特約条項）
第20条　第19条までの規定以外に、本契約の特約については、下記のとおりとする。

甲：　　　　　　　印 乙：　　　　　　　印

第4章 「実家信託」で実家を貸す！

別表第1（第8条第3項関係）

一	銃砲、刀剣類又は爆発性、発火性を有する危険な物品等を製造又は保管すること。
二	大型の金庫その他の重量の大きな物品等を搬入し、又は備え付けること。
三	排水管を腐食させるおそれのある液体を流すこと。
四	大音量でテレビ、ステレオ等の操作、ピアノ等の演奏を行うこと。
五	猛獣、毒蛇等の明らかに近隣に迷惑をかける動物を飼育すること。
六	本物件を、反社会的勢力の事務所その他の活動の拠点に供すること。
七	本物件又は本物件の周辺において、著しく粗野若しくは乱暴な言動を行い、又は威勢を示すことにより、付近の住民又は通行人に不安を覚えさせること。
八	本物件に反社会的勢力を居住させ、又は反復継続して反社会的勢力を出入りさせること。

別表第2（第8条第4項関係）

一	階段、廊下等の共用部分に物品を置くこと。
二	階段、廊下等の共用部分に看板、ポスター等の広告物を掲示すること。
三	鑑賞用の小鳥、魚等であって明らかに近隣に迷惑をかけるおそれのない動物以外の犬、猫等の動物（別表第1第五号に掲げる動物を除く。）を飼育すること。

別表第3（第8条第5項関係）

一	頭書(5)に記載する同居人に新たな同居人を追加（出生を除く。）すること。
二	1か月以上継続して本物件を留守にすること。

別表第4（第9条第3項関係）

畳表の取替え、裏返し	ヒューズの取替え
障子紙の張替え	給水栓の取替え
ふすま紙の張替え	排水栓の取替え
電球、蛍光灯、LED照明の取替え	その他費用が軽微な修繕

別表第5（第15条関係）

【原状回復の条件について】
　本物件の原状回復条件は、下記Ⅱの「例外としての特約」による以外は、賃貸住宅の原状回復に関する費用負担の一般原則の考え方によります。すなわち、
・　賃借人の故意・過失、善管注意義務違反、その他通常の使用方法を超えるような使用による損耗等については、賃借人が負担すべき費用となる。
・　建物・設備等の自然的な劣化・損耗等（経年変化）及び賃借人の通常の使用により生ずる損耗等（通常損耗）については、賃貸人が負担すべき費用となる。
ものとします。
　その具体的内容は、国土交通省の「原状回復をめぐるトラブルとガイドライン（再改訂版）」において定められた別表1及び別表2のとおりですが、その概要は、下記Ⅰのとおりです。

Ⅰ　本物件の原状回復条件
　（ただし、民法第90条及び消費者契約法第8条、第9条及び第10条に反しない内容に関して、下記Ⅱの「例外としての特約」の合意がある場合は、その内容によります。）

1　賃貸人・賃借人の修繕分担表

賃貸人の負担となるもの	賃借人の負担となるもの
【床（畳・フローリング・カーペットなど）】	
1. 畳の裏返し、表替え（特に破損してないが、次の入居者確保のために行うもの） 2. フローリングのワックスがけ 3. 家具の設置による床、カーペットのへこみ、設置跡 4. 畳の変色、フローリングの色落ち（日照、建物構造欠陥による雨漏りなどで発生したもの）	1. カーペットに飲み物等をこぼしたことによるシミ、カビ（こぼした後の手入れ不足等の場合） 2. 冷蔵庫下のサビ跡（サビを放置し、床に汚損等の損害を与えた場合） 3. 引越作業等で生じた引っかきキズ 4. フローリングの色落ち（賃借人の不注意で雨が吹き込んだことなどによるもの）
【壁、天井（クロスなど）】	
1. テレビ、冷蔵庫等の後部壁面の黒ずみ（いわゆる電気ヤケ） 2. 壁に貼ったポスターや絵画の跡 3. 壁等の画鋲、ピン等の穴（下地ボードの張替えは不要な程度のもの） 4. エアコン（賃借人所有）設置による壁のビス穴、跡 5. クロスの変色（日照などの自然現象によるもの）	1. 賃借人が日常の清掃を怠ったための台所の油汚れ（使用後の手入れが悪く、ススや油が付着している場合） 2. 賃借人が結露を放置したことで拡大したカビ、シミ（賃貸人に通知もせず、かつ、拭き取るなどの手入れを怠り、壁等を腐食させた場合） 3. クーラーから水漏れし、賃借人が放置したため壁が腐食 4. タバコのヤニ、臭い（喫煙等によりクロス等が変色したり、臭いが付着している場合） 5. 壁等のくぎ穴、ネジ穴（重量物をかけるためにあけたもので、下地ボードの張替えが必要な程度のもの） 6. 賃借人が天井に直接つけた照明器具の跡 7. 落書き等の故意による毀損
【建具等、襖、柱等】	
1. 網戸の張替え（特に破損はしてないが、次の入居者確保のために行うもの） 2. 地震で破損したガラス 3. 網入りガラスの亀裂（構造により自然に発生したもの）	1. 飼育ペットによる柱等のキズ、臭い（ペットによる柱、クロス等にキズが付いたり、臭いが付着している場合） 2. 落書き等の故意による毀損
【設備、その他】	
1. 専門業者による全体のハウスクリーニング（賃借人が通常の清掃を実施している場合） 2. エアコンの内部洗浄（喫煙等の臭いなどが付着していない場合） 3. 消毒（台所・トイレ） 4. 浴槽、風呂釜等の取替え（破損等はしていないが、次の入居者確保のために行うもの） 5. 鍵の取替え（破損、鍵紛失のない場合） 6. 設備機器の故障、使用不能（機器の寿命によるもの）	1. ガスコンロ置き場、換気扇等の油汚れ、すす（賃借人が清掃・手入れを怠った結果汚損が生じた場合） 2. 風呂、トイレ、洗面台の水垢、カビ（賃借人が清掃・手入れを怠った結果汚損が生じた場合） 3. 日常の不適切な手入れもしくは用法違反による設備の毀損 4. 鍵の紛失または破損による取替え 5. 戸建賃貸住宅の庭に生い茂った雑草

第4章 「実家信託」で実家を貸す！

2 賃借人の負担単位

負担内容			賃借人の負担単位	経過年数等の考慮
床	毀損部分の補修	畳	原則一枚単位 毀損部分が複数枚の場合はその枚数分 （裏返しか表替えかは、毀損の程度による）	（畳表） 経過年数は考慮しない。
		カーペット クッションフロア	毀損等が複数箇所の場合は、居室全体	（畳床・カーペット・クッションフロア） 6年で残存価値1円となるような負担割合を算定する。
		フローリング	原則㎡単位 毀損等が複数箇所の場合は、居室全体	（フローリング） 補修は経過年数を考慮しない。 （フローリング全体にわたる毀損があり、張り替える場合は、当該建物の耐用年数で残存価値1円となるような負担割合を算定する。）
壁・天井（クロス）	毀損部分の補修	壁（クロス）	㎡単位が望ましいが、賃借人が毀損した箇所を含む一面までは張替え費用を賃借人負担としてもやむをえないとする。	（壁〔クロス〕） 6年で残存価値1円となるような負担割合を算定する。
		タバコ等のヤニ、臭い	喫煙等により当該居室全体においてクロス等がヤニで変色したり臭いが付着した場合のみ、居室全体のクリーニングまたは張替費用を賃借人負担とすることが妥当と考えられる。	
建具・柱	毀損部分の補修	襖	1枚単位	（襖紙、障子紙） 経過年数は考慮しない。
		柱	1本単位	（襖、障子等の建具部分、柱） 経過年数は考慮しない。
設備・その他	設備の補修	設備機器	補修部分、交換相当費用	（設備機器） 耐用年数経過時点で残存価値1円となるような直線（または曲線）を想定し、負担割合を算定する。
	鍵の返却	鍵	補修部分 紛失の場合は、シリンダーの交換も含む。	鍵の紛失の場合は、経過年数は考慮しない。交換費用相当分を借主負担とする。
	通常の清掃※	クリーニング ※通常の清掃や退去時の清掃を怠った場合のみ	部位ごと、または住戸全体	経過年数は考慮しない。借主負担となるのは、通常の清掃を実施していない場合で、部位もしくは住戸全体の清掃費用相当分を借主負担とする。

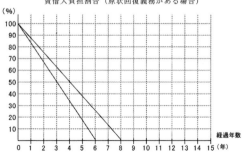

設備等の経過年数と賃借人負担割合（耐用年数6年及び8年、定額法の場合）
賃借人負担割合（原状回復義務がある場合）

3 原状回復工事施工目安単価
　　（物件に応じて、空欄に「対象箇所」、「単位」、「単価（円）」を記入して使用してください。）

対象箇所		単位	単価（円）
床			
天井・壁			
建具・柱			
設備・その他	共通		
	玄関・廊下		
	台所・キッチン		
	浴室・洗面所・トイレ		
	その他		

※この単価は、あくまでも目安であり、入居時における賃借人・賃貸人双方で負担の概算額を認識するためのものです。
※従って、退去時においては、資材の価格や在庫状況の変動、毀損の程度や原状回復施工方法等を考慮して、賃借人・賃貸人双方で協議した施工単価で原状回復工事を実施することとなります。

Ⅱ　例外としての特約

原状回復に関する費用の一般原則は上記のとおりですが、賃借人は、例外として、下記の費用については、賃借人の負担とすることに合意します（但し、民法第90条及び消費者契約法第8条、第9条及び第10条に反しない内容に限ります）。
（括弧内は、本来は賃貸人が負担すべきものである費用を、特別に賃借人が負担することとする理由。）

・ 　　　　甲：　　　　　　㊞ 　　　　乙：　　　　　　㊞

記名押印欄

　　下記貸主（甲）と借主（乙）は、本物件について上記のとおり賃貸借契約を締結したことを証するため、本契約書2通を作成し、記名押印の上、各自その1通を保有する。

　平成　　　年　　　月　　　日

貸主（甲）　住所　〒
　　　　　　氏名　　　　　　　　　　　　　　　　　　　　　印

借主（乙）　住所　〒
　　　　　　氏名　　　　　　　　　　　　　　　　　　　　　印
　　　　　　電話番号

連帯保証人　住所　〒
　　　　　　氏名　　　　　　　　　　　　　　　　　　　　　印
　　　　　　電話番号

媒介業者　　免許証番号〔　　　〕知事・国土交通大臣（　　）第　　　号

代理　　　　事務所所在地

　　　　　　商号（名称）

　　　　　　代表者氏名　　　　　　　　　　印

　　　　　　宅地建物取引主任者　登録番号〔　　　〕知事第　　　号
　　　　　　　　　　　　　　　　　　　　　氏名　　　　　　　印

定期賃貸住宅契約についての説明（借地借家法第38条第2項関係）

〇年〇月〇日

定期賃貸住宅契約についての説明

貸　主（甲）住所
　　　　　　氏名　〇〇〇〇　㊞

代理人　　　住所
　　　　　　氏名　〇〇〇〇　㊞

下記住宅について定期建物賃貸借契約を締結するに当たり、借地借家法第38条第2項に基づき、次のとおり説明します。

　下記住宅の賃貸借契約は、更新がなく、期間の満了により賃貸借は終了しますので、期間の満了の日の翌日を始期とする新たな賃貸借契約（再契約）を締結する場合を除き、期間の満了の日までに、下記住宅を明け渡さなければなりません。

記

(1)住宅	名　　称		
	所在地		
	住戸番号		
(2)契約期間	始　期	年　月　日から	年　月間
	終　期	年　月　日から	

上記住宅につきまして、借地借家法第38条第2項に基づく説明を受けました。

〇年〇月〇日
借　主（乙）住所
　　　　　　氏名　〇〇〇〇　㊞

定期賃貸住宅契約終了についての通知
　　（借地借家法第38条第4項、定期賃貸住宅標準契約書第2条第3項関係）

○年○月○日

定期賃貸住宅契約終了についての通知

（賃借人）住所
　　　　　氏名 ○○○○ 殿

（賃貸人）住所
　　　　　氏名 ○○○○ 印

　私が賃貸している下記住宅については、平成　年　月　日に期間の満了により賃貸借が終了します。
［なお、本物件については、期間の満了の日の翌日を始期とする新たな賃貸借契約（再契約）を締結する意向があることを申し添えます。］

記

(1) 住宅

名称	
所在地	
住戸番号	

(2) 契約期間

始期	年　月　日から	年
終期	年　月　日から	月間

（注）1　再契約の意向がある場合には、［　］書きを記載してください。
　　　2　(1)および(2)欄は、それぞれ頭書(1)および(2)を参考に記載してください。

12

◆信託に関する受益者別(委託者別)調書

◆信託に関する受益者別(委託者別)調書合計表

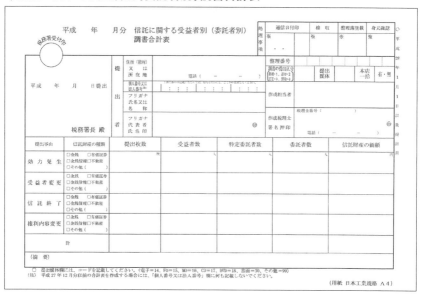

(国税庁HPより引用)

第4章 「実家信託」で実家を貸す！

◆信託に関する受益者別（委託者別）調書（備考）

【信託に関する受益者（委託者別）調書】

※様式はA4用紙1枚に調書4枚分が印刷されますので、裁断の上ご利用ください。

備 考

一 「受益者」、「特定委託者」及び「委託者」の欄の「個人番号又は法人番号」の項には、当該受益者、特定委託者及び委託者の行政手続における特定の個人を識別するための番号の利用等に関する法律第2条第5項に規定する個人番号又は同条第15項に規定する法人番号を記載すること。

二 「特定委託者」の欄には、相続税法第9条の2第5項に規定する特定委託者に関する事項を記載する。ただし、この調書を四3に掲げる場合に該当することにより提出するときには、信託法第182条第1項第2号に規定する帰属権利者（以下「帰属権利者」という。）又は同法第177条に規定する清算受託者に関する事項を記載するものとする。

三 「信託財産の価額」の欄には、信託財産を相続税法第22条から第25条までの規定により評価した価額を記載する。ただし、信託財産について当該規定により評価することを困難とする事由が存する場合は、この限りでない。

四 「提出事由」の欄には、次に掲げる場合の区分に応じ、それぞれ次に定める事由を記載する。
  1 相続税法第59条第2項第1号に規定する信託の効力が生じた場合 効力発生
  2 相続税法第59条第2項第2号に規定する受益者等が変更された場合 受益者変更
  3 相続税法第59条第2項第3号に規定する信託が終了した場合 信託終了
  4 相続税法第59条第2項第4号に規定する信託に関する権利の内容に変更があった場合 権利内容変更

五 摘要欄には、次に掲げる場合の区分に応じ、それぞれ次に定める事項を記載する。ただし、7の場合において、7に規定する従前信託について信託に関する受益者別（委託者別）調書を提出しているとき、又は当該従前信託以外の信託に関する受益者別（委託者別）調書で摘要欄に当該7に規定する従前信託に係る7のイからハまでの事項を記載したものを提出しているときは、この限りでない。
  1 受益者又は特定委託者が存しない場合 その存しない理由
  2 相続税法第9条の3第1項に規定する受益者連続型信託の場合 その旨、その条件及びその期限並びに新たに信託に関する権利を取得する者又は同項の受益者指定権等を有する者の名称又は氏名及び所在地又は住所若しくは居所
  3 法人税法第2条第29号の2に規定する法人課税信託である場合 その旨
  4 信託法第182条第1項第1号に規定する残余財産受益者又は帰属権利者の定めがある場合 その旨、これらの者の名称又は氏名及び所在地又は住所若しくは居所並びに一に規定する法人番号又は個人番号
  5 この調書を四2又は3に掲げる場合に該当することにより提出するとき 変更前（終了直前）の受益者又は特定委託者の名称又は氏名及び所在地又は住所若しくは居所
  6 この調書を四4に掲げる場合に該当することにより提出するとき 「信託財産の種類」、「信託財産の所在場所」、「構造・数量等」、「信託財産の価額」、「信託に関する権利の内容」及び「信託の期間」の欄に係る変更のあった事項についての変更前の内容
  7 その年の1月1日からその信託につき四1から4までに定める事由が生じた日の前日までの間に当該信託と受益者（受益者としての権利を現に有する者の存しない信託にあっては、委託者。）が同一である他の信託（以下「従前信託」という。）について当該事由が生じていた場合で、当該信託の信託財産を相続税法第22条から第25条までの規定により評価した価額と当該従前信託の信託財産を相続税法第22条から第25条までの規定により評価した価額との合計額が50万円を超えることとなること、又は当該信託の信託財産を相続税法第22条から第25条までの規定により評価することを困難とする事情が存することからこの調書を提出することとなったとき 当該従前信託に係るイからハまでに掲げる事項
  イ 委託者及び特定委託者の名称又は氏名及び所在地又は住所若しくは居所（委託者別の調書の場合には、委託者に係る事項を除く。）
  ロ 信託財産の種類、信託財産の所在場所、構造・数量等、信託財産の価額、信託に関する権利の内容及び信託の期間（提出事由が四4に定める事由である場合にあっては、信託に関する権利の内容の変更前後のこれらの事項）並びに提出事由、提出事由の生じた日及び記号番号
  ハ 1から6までに定める事項

六 受託者の「所在地又は住所（居所）」の欄には受託者の本店若しくは主たる事務所の所在地又は住所若しくは居所を、「営業所の所在地等」の欄には受託者が信託の引受けをした営業所、事務所その他これらに準ずるものの所在地を、「法人番号又は個人番号」の欄には受託者の一に規定する法人番号又は個人番号を記載する。

（国税庁HPより引用）

◆信託に関する受益者別(委託者別)調書合計表(記載要領)

【信託に関する受益者別(委託者別)調書合計表】

記載要領
1 この合計表は、相続税法59条第2項の規定により提出すべき調書について、提出事由の異なるごとに記載する。
2 信託財産の種類の欄には、該当する信託財産について□枠にチェックをする(複数ある場合には、それぞれチェックする。)。
3 「※」印欄は、提出義務者において記載を要しない。

(国税庁HPより引用)

④ まとめ

　親の希望が「実家をなるべく売らずに保存してほしい」ということであれば、子どもはその希望を尊重すべきでしょう。そうはいっても、空き家で放置しておくのは社会的な損失も大きく得策ではありません。

　借地借家法で、貸主としては一旦賃貸に出したら返してもらえないといった心配がありますし、借主としては家賃が高額という悩みがあります。

　そこで実家を貸すときも返してもらうときもスムーズに手続きが進むよう、実家信託と再契約保証型定期建物賃貸借契約のコラボレーションで空き家防止に役立てていただければと思います。

「実家信託」で実家を任意売却！

事例 4 相続放棄をしたい 島本研二さん（仮名）の場合

　空き家対策として出回っている書籍のなかには、相続人に相続放棄をすすめているものが少なからず見受けられます。近年、相続放棄の件数が増加していますが、単なる相続放棄は、空き家の被害をさらに拡大させるものです。実家信託を関与させなければ、さらに問題が複雑になって多くの方に迷惑がかかってしまいます。根本的な解決策が望まれます。

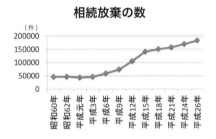

（平成27年度『裁判所　司法統計』より）

【相続放棄の事例】

　島本研二さん（仮名）は親から独立して、持ち家に住んでいます。研二さんの実家は都市部にあり、両親が暮らしていましたが、父達也さんが急死しました。

　生前に達也さんは知人の本田光司さん（仮名）から多額の借金をしており、その借り入れのための担保として、実家の土地と建物に本田光司さんの抵当権が付いています。達也さんの相続人は、長男の研二さんと、研二さんの母さゆりさんの二人だけです。

　研二さんの父達也さんは、本田光司さんからの借り入れがかなり残っている債務超過の状態でした。実家を売却しても借金は返せそうにありません。このまま研二さんと母さゆりさんが父達也さんの遺産を相続してしまうと借金をかかえてしまうので、相続放棄をしようと考えました。

第5章 「実家信託」で実家を任意売却！

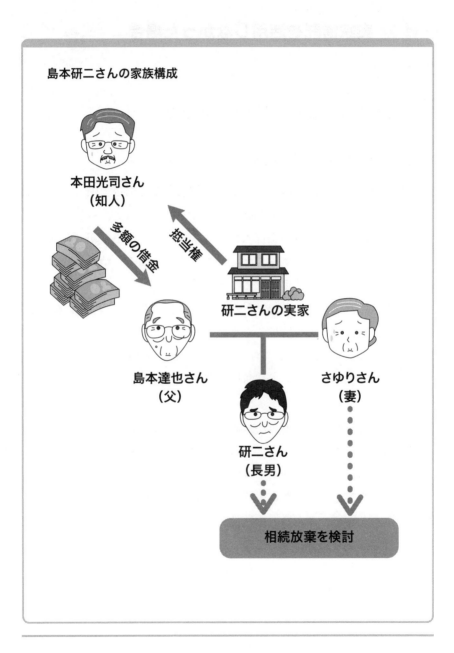

❶ 実家信託を活用しなかった場合

1 相続放棄をしたらどうなるのか？

（1） 事前の対策をせずに相続放棄をした場合

　長男の研二さんと母さゆりさんが相続放棄をした場合、困るのは本田光司さんです。父達也さんの両親（研二さんの祖父母）、もしくは達也さんの兄弟姉妹が次順位の相続人になりますので、本田光司さんはこれらの人々に対して、請求することになります。たぶん、請求された次順位の相続人たちも相続放棄をすることでしょう。

　このように、言わば「相続放棄のドミノ倒し」が完全に終了するまで、本田光司さんは請求をし続けることになります。そして、研二さんの一族が全員、相続放棄をしたのちに初めて、「相続人のあることが明らかではない状態」になります。つまり不動産の名義人が存在しない状態になるわけです。

　この段階に至るまで数ヵ月から数年かかることもあります。

　本田光司さんが借金を返してもらうために実家を売却あるいは競売しようとしても、相続人が不存在である以上は名義を移すことができず、不動産の名義が亡くなった島本達也さんのままでは売却できません。

　研二さんとさゆりさんは、相続放棄することで知人の本田光司さんを困らせたくはありませんでしたが、単純相続すると家を売却してもそれ以上の借金が残ってしまうことから、かえって困ってしまいます。どうにか家の売却金の範囲内で本田光司さんに借金を返せたらと考えていますが、現状では難しいようです。

（2） 相続放棄をした結果

　次々と新しく相続人になった人たちが相続放棄をする、「相続放棄のドミノ倒し」を経て、ようやく、「不動産の名義人が存在しない状態」になっても、ここからがさらに大変な手続きが生じます。

　本田光司さんは抵当権を付けた土地と建物（研二さんの実家、父達也さん名義）の売却をするために、家庭裁判所に予納金（通常50万円から100万円、財産の多寡によって異なる）を納めて、相続財産管理人の選任申し立てをしなくてはいけません。

　この申し立てによって、すぐに相続財産管理人が選任されるとは限りません。候補者を立てていても、場合によっては数ヵ月かかる場合があります。

　一方、研二さんのほうは実家が空き家の状態で、傷んでいく実家の姿を目にすることで辛い気持ちになります。また、本田光司さんは研二さんの実家を売却して貸金の回収に充てたいところですが、進捗がなく困ってしまいます。

　仮に実家の買主が見つかっても、売却ができるまでの手続きにとても時間がかかるので、買主は待ってくれないかもしれません。もし待ってくれたとしても、売買金額はかなり低く抑えられることになるでしょう。しかし、相続人が不存在になり裁判所の関与が出てくることから、不動

産売却代金は売れればいくらでもよいという訳にはいきません。公正な取引価格での売却が求められるので、不動産を売却するには査定書を添付して、裁判所の売却許可が必要になってきます。

何も対策をせずに所有者に相続が発生し、相続人全員が相続放棄をしてしまうと、実家は「凍結」し空き家になります。裁判所から財産管理人を選任してもらわないと売却ができなくなってしまいますが、そこにたどり着くまでにはかなりの時間がかかります。

(3) 財産管理人の選任から国庫帰属まで

たとえ、親が多くの借金を背負っていなくても、実家の処分に困って相続人が責任を負わないように相続放棄をすることも、今後は選択肢のひとつとして増加していくと考えられます。また、親の生前に、任意売却しなければならないときに親が認知症になってしまうと、スムーズな売却は難しくなるでしょう。

では、相続人全員が相続放棄するとどのようになるのでしょうか。

財産管理人が選任された後の一般的な手続きの流れは次のとおりで、任意売却までにかなりの手間と時間がかかります。途中で相続財産が無くなった場合は、そこで手続きは終了します。

【財産管理人から国庫に帰属するまでのスケジュール】

① 財産管理人申し立て

家庭裁判所に相続人不存在による財産管理人申し立てを行います。

② 財産管理人選任・公告

家庭裁判所に財産管理人が選任されて、選任後遅滞なく官報に財産管理人が選任されたことを知らせるための公告をします(2ヵ月間)。

③ 債権者・受遺者に対する公告
　財産管理人は、相続財産の債権者・受遺者を確認するための公告をします(2ヵ月間)。

④ 債権者・受遺者に対する弁済
　財産管理人は、相続財産の債権者・受遺者に弁済します。

ここで任意売却ができますが、売却においては事前に不動産鑑定士等に鑑定をさせて、売却代金と買主を示して家庭裁判所に許可を得ることが必要です。

⑤ 相続人捜査の公告
　相続人を捜すため、6ヵ月以上の期間を定めて公告します(6ヵ月)。

⑥ 相続人等の失権
　期間満了までに相続人が現れなければ、相続人がいないことが確定します。

⑦ 特別縁故者の相続財産分与
　公告の期間満了後、3ヵ月以内に特別縁故者に対する相続財産分与申し立てがされることがあります。

⑧ 上記の支払いをして、相続財産が残った場合は、相続財産を国に引き継いで手続きが終了します。

相続財産管理人を家庭裁判所に選任してもらい、相続財産管理人が実家を売却して本田光司さんがお金を回収するには、相続開始後、数年は

かかってしまう場合も少なくないと思われます。

　ところで、研二さんと母さゆりさんも、実家の管理に無関係とはいきません。民法940条１項には「相続の放棄をした者は、その放棄によって相続人となった者が相続財産の管理を始めることができるまで、自己の財産におけるのと同一の注意をもって、その財産の管理を継続しなければならない」と定めています。実家が空き家になってしまったとき、火災や台風による損壊、害虫や害獣による被害、不審者の侵入、景観の悪化、古い家屋ならば倒壊の危険性などを防ぐ必要があります。ですから、相続放棄をしたからといって実家の管理を怠ると、研二さんや母さゆりさんは、何らかの責任をとることになるのです。

（４）　もし限定承認をした場合

　こうしたことから、研二さんと母さゆりさんは、本田光司さんに迷惑をかけたくないということで、限定承認を検討しました。

　限定承認とは、被相続人（亡父達也さん）の債務がどの程度あるかは不明であり、財産が残る可能性もある場合等に、相続人が相続によって得た財産の限度で被相続人の債務の負担を受け継ぐ相続方法のことです。要は、相続のプラス財産とマイナス財産を比べたときにマイナス財産が大きい場合には、プラス財産の限度まで負債を引き継ぎますよ、ということです。

　しかし、限定承認の申述は、家庭裁判所に対して共同相続人全員で行なわなければなりませんので、一部の人だけで行うことはできません。また、限定承認者は相続財産の清算手続きとして、官報公告や弁済など法律上の手続きが必要で、専門家でなければ対応できません。

　限定承認は費用や時間がかかり、手続きも複雑になります。また、相続人全員が限定承認を選択しなければならないので、債権者（ここでは本田光司さん）がいくらお願いしても相続人に強制することはできません。

つまり、本田光司さんにとってみれば、相続人が単純承認してそのまま債務を引き継ぐか、相続放棄するか、限定承認するかを事前に確定することはできず、とても不安定な立場になってきます。

（５）　相続人不存在が与える大きな影響

研二さんは相続人全員が相続放棄し相続人不存在になることで、①手続きに時間がかかり実家がスムーズに売却できないこと、②実家が空き家の状態が長期化することで資産価値が下がり、結果的に売却できたとしても売却価格がかなり低下すること、③売却代金が下がるので本田光司さんが受けとる金額が減ってしまうこと、④実家を空き家にしてしまうことで地域の活性化を削ぎおとしてしまうこと、などを知りました。

研二さん自身は債務を相続したくはありませんでしたが、しかし、あまりにも多くの人に迷惑をかけることは耐えられないと考えました。そこで、相続放棄をしても、安心して実家を売却できるようにするため、実家信託を活用することにしました。

（６）　任意売却のための実家信託とは

実家信託で空き家を予防するには、第一の条件が実家の所有者である亡父達也さんが生前に元気な間に手続きをしておくということです。つまり、研二さんと達也さんで実家信託を締結し、不動産登記を済ませておくことが必要です。達也さんが認知症になったり亡くなってしまってからでは、手遅れになります。任意売却信託であっても、委託者＝受益者となる「自益信託」という基本形はしっかりと守ります。

実家信託の活用ポイント

全体の流れのポイントは以下のとおりです。

 手続き上のポイント

1. 実家の名義の確認
2. 達也さんと研二さんとで信託契約を締結
3. 委任および任意後見契約公正証書の作成、信託契約書の宣誓認証
4. 所有権移転登記と信託登記を申請
5. 金銭を分別管理
6. 実家信託設定時および信託期間中の税務
7. 父達也さんが死亡した場合の対応
8. 相続放棄、実家の任意売却を進める

第5章 「実家信託」で実家を任意売却！

 実家信託の手続きと解説

1 実家の名義の確認

　長男の研二さんは実家の登記事項証明書を取り寄せて、土地と建物は父達也さんの名義になっているかどうか、念のため確認します。

　本田光司さんの抵当権が設定されているので本田さんには実家信託をすることで、達也さんが認知症になっても死亡しても円滑に実家を売却できること、その売却代金は当然、返済に回ることなどを説明します。

　なお、公図を取得して実家の周辺の道路部分などが私道になっていないかも確認しておくとよいでしょう。その場合には、その名義も念のため確認しておきます。

◆登記事項証明書

権利部（甲区）（所有権に関する事項）			
順位番号	登記の目的	受付年月日・受付番号	権利者その他の事項
1	所有権移転	平成〇〇年〇〇月〇〇日 第〇〇号	原　因　平成〇〇年〇〇月〇〇日売買 所有者　〇〇市〇〇 　　　　島本達也

権利部（乙区）（所有権以外に関する事項）			
順位番号	登記の目的	受付年月日・受付番号	権利者その他の事項
1	抵当権設定	平成〇〇年〇〇月〇〇日 第〇〇号	原　　因　平成〇〇年〇〇月〇〇日金銭消費貸借契約同日設定 債権額　金〇〇〇〇万円 利　　息　〇〇*% 損害金　〇〇*% 債務者　〇〇市〇〇 　　　　島本達也 抵当権者　〇〇市〇〇 　　　　本田光司

2 達也さんと研二さんとで信託契約を締結

　達也さんの判断能力がある間に研二さんとの間で信託契約を締結して、不動産の管理・運用・処分までをできるようにしておきます。

　ここでのポイントも他の事例と同様に、不動産の所有者が父達也さんなので、信託して不動産が名義と財産権（受益権）に分かれても、必ず受益者は達也さんにすることです。誤って受益者を達也さん以外の人にしてしまうと、不動産そのものすべてを贈与したのと同じ贈与税が一括でかかってきてしまいます。

　そこで達也さんと研二さんは、次のような実家信託契約書を交わしました。

第5章 「実家信託」で実家を任意売却！

◆契約書類（実家信託契約書）　　　　　　（※実際の契約書とは異なります）

実家信託契約書

収入印紙
200円

（信託の設定および目的）

第1条　委託者 島本達也（以下「甲」という）は、財産の管理・処分を目的として、本信託契約第2条記載の島本達也の財産（以下「信託財産」という）を受託者 島本研二（以下「乙」という）へ信託し、乙はこれを受託し、次のとおり信託契約（以下「本信託契約」という）を締結した。

　本信託契約の締結により、甲の判断能力が低下したとしても、さらに甲が死亡した後においても、信託された不動産においては乙がその必要性を認識したときに確実に売却することを目的とする。

> ＜解説＞
> 抵当権者の光司さんへの返済のための「管理」「処分」が大きな目的なので、目的にはそれらの用語を入れます。信託は、委託者の判断能力の低下後、さらに相続後においても委託者の意思が継続して実現できる制度ですので、「信託の目的」は信託の肝（キモ）といえます。委託者の意思を十分にくみとって表現することが必要です。

（信託財産）

第2条　本契約に定める信託財産は、次の財産とする。

（1）　別紙目録記載の土地および建物の所有権（以下「信託不動産」という）

（2）　金銭〇〇円（本号および次号を以下「信託金銭」という）

（3）　信託不動産の賃貸・売却等、運用や処分により得られる金銭

> <解説>
> 1号で、実家売却にかかる不動産を信託財産として、別紙目録に列挙します。
> 信託法16条によって、信託不動産の売却代金も当然信託財産に属することになりますが、解釈で争いが出ないように3号で、売却代金も信託財産になる旨、明示しています。

（受託者の義務）
第3条 受託者は、本信託契約の本旨に従い、受益者の利益のために忠実に信託事務の処理その他の行為を行い、自己の財産に対するのと同一の注意をもって信託事務を処理する。
2 受託者は、信託法37条に基づいて、本信託財産に係る帳簿、貸借対照表、損益計算書その他法務省令に定める書類を作成する。

> <解説>
> 信託法29条で受託者の「善良な管理者の注意義務」が規定されていますが、信託行為に別段の定めも許容されています。家族間での信託なので、「善管注意義務」までは求めず、注意義務を軽減しています。
> 実家のみの信託なのですが、信託法37条1項、2項は別段の定めを許容していないので、帳簿作成義務はあります。1年に1回作成しておきます（105ページ参照）。

（新受託者）
第4条 信託法56条1項各号において受託者の任務が終了した場合に新受託者となるべき者は受益者が選任する。

<解説>
受託者である研二さんに後見が開始したり、死亡したりしてしまった場合に新しい受託者を選任するには、原則は委託者および受益者の合意が必要になります(信法62条1項)。このときに選任に支障が出てこないよう、新たな受託者は受益者が選任するとしています。

(信託不動産の管理・運用および処分の方法)
第5条 受託者は、信託不動産の管理・処分は、受託者が適当と認める方法、時期および範囲において、自らの裁量で行う。

2 受託者は、信託不動産の管理事務の全部または一部について、受託者が相当と認める第三者（以下「財産管理者」という）に委託することができる。

3 本信託財産に対する公租公課、その他の本信託財産の管理に要する費用、信託事務の処理に必要な諸費用については信託財産から支弁する。

4 受託者は信託不動産に関し、必要があればすでに契約している火災保険等の損害保険契約の変更等の手続きを速やかに行う。

<解説>
1項では受託者に広い裁量を与え、受託者の判断で管理・運用・処分ができるようにしています。信託法2条において「受託者」とは、信託行為の定めに従い、信託財産に属する財産の管理または処分およびその他の信託の目的の達成のために必要な行為をすべき義務を負う者をいうとされていますが、2項において、第三者への委託を認めていますので、実家の管理や賃貸、売却にあたり業者にそれらの事務を任せることができま

> す。なお、固定資産税などの諸費用は信託財産から納められるようにします。火災保険の名義書換の有無については、保険会社によって対応が分かれると思いますので、個別の対応が必要となります。

(当初受益者)
第6条 本信託契約の当初受益者は委託者である甲とする。

> <解説>
> 基本形として、実家信託のスキームを組む場合には、委託者＝受益者となる自益信託が大部分を占めます。委託者≠受益者となる他益信託で対価を伴わない信託は、設定と同時に信託財産を贈与したものとみなし、贈与税が課税されるからです。

(甲死亡後の受益権の取得)
第7条 甲死亡後の受益権は甲の妻さゆりが取得する。妻さゆりが甲の死亡時にすでに死亡していた場合には、甲の長男研二が受益権を取得するものとする。

> <解説>
> 達也さんが生存中に実家を売却した場合には、その売却代金は受益者である達也さんが受け取り、達也さんの死亡後に売却した場合、さゆりさんもしくは研二さんが売却代金を受け取るとしています。しかし、実務的には、光司さんの抵当権が抹消されないと実家を売却することができないので、光司さんは抵当権抹消の引換条件として、売却代金から優先して債務の弁済を受けることができます。そして、オーバーローンの場合には、全額が光司さんの弁済に充てられ、受益者が売却代金を受け取

ることはありません。なお、研二さんが受益者の場合には受託者＝受益者となり1年で信託が終了するので注意が必要です。

（信託の変更）
第8条 受託者および受益者の合意により、本契約の内容を変更することができる。

＜解説＞
信託の変更は原則、委託者、受託者、受益者の三者で変更しますが（信法149条1項）、信託の変更は信託行為に別段の定めで決められますので（信法149条4項）、受託者および受益者の合意で信託の変更ができるようにしました。信託行為が契約の場合には、委託者達也の死亡によって、委託者の地位は相続人が相続するとされていますが（信法147条の反対解釈）、今回のケースでは相続人が全員相続放棄しているので、信託の変更には委託者を関与させないようにしました。

（信託の終了）
第9条 本信託は、受託者および受益者の合意で終了する。

＜解説＞
もし、達也さんの死亡で信託を終了させてしまうと、信託不動産が達也さんの死亡により通常の不動産になってしまいます。そこで、死亡で信託を終了させないようにしています。

（残余財産の権利帰属者）
第10条 本信託が終了したときの帰属権利者は最終の受益者とする。

><解説>
>信託終了時の帰属権利者は最終の受益者にします。信託の終了により最終の受益者と帰属権利者が異なると、受益権の移転があったものとして贈与税が発生してしまうからです。

（契約に定めのない事項）
第11条 本信託に記載のない事項は、受託者および受益者が協議のうえ決定する。

上記契約の成立を証するため、本契約書2部を作成し、甲乙が各一部を保管する。

平成〇〇年〇〇月〇〇日
　甲
　　委託者　〇〇市〇〇町〇〇丁目〇〇番〇〇号　島本達也　印
　乙
　　受託者　〇〇市〇〇町〇〇丁目〇〇番〇〇号　島本研二　印

物件目録
　　不動産の表示
　　　　所　　在　　　〇〇市〇〇区〇〇
　　　　地　　番　　　〇〇番〇〇
　　　　地　　目　　　宅地
　　　　地　　積　　　〇〇．〇〇平方メートル

　　　　　　　　　　（以下、略）

3 委任および任意後見契約公正証書の作成、信託契約書の宣誓認証

委任および任意後見契約公正証書の作成、信託契約書の宣誓認証の基本については51〜52ページをご参照ください。

4 所有権移転登記と信託登記を申請

実家信託の登記をするときは、受託者への所有権移転登記申請とともに信託の登記を1つの申請書で行うことになります。

ここでの実家の評価は、固定資産評価額が土地4,000万円、家屋が500万円とします。

◆登記申請書

登記申請書

登記の目的　　所有権移転および信託※1
原因　　　　　平成〇〇年〇〇月〇〇日信託※2
権利者　　　　〇〇市〇〇　島本研二　※3
義務者　　　　〇〇市〇〇　島本達也　※4
添付書類　　　登記原因証明情報※5　登記済証/登記識別情報※6
　　　　　　　信託目録に記録すべき情報※7
印鑑証明書　住所証明書　代理権限証書

　送付の方法により登記完了証の交付を希望します。
　　　送付先:資格者代理人の事務所あて
　送付の方法により登記識別情報通知書の交付を希望します。
　　　送付先:資格者代理人の事務所あて

平成○○年○○月○○日申請　　　　　　　　○○法務局御中

　　代理人　　　　　○○市○○町○○丁目○○番○○号
　　　　　　　　　　　　　　○○○○　　㊞

課税価格※8　　土　地　金4,000万円
　　　　　　　　建　物　金500万円

登録免許税※9
　　　　　　信託分　土　地　金12万円
　　　　　　　　　　租税特別措置法第72条第1項による
　　　　　　　　　　建　物　金2万円
　　　　　　　　　　合　計　金14万円
　　　　　　移転分　登録免許税法7条1項1号により非課税

不動産の表示　　略

※1　信託の登記の申請は所有権移転の登記の申請と同時にしなければならないので、登記の目的は「所有権移転および信託」となる。
※2　信託の効力が生じた日、すなわち、信託契約締結日となる。
※3　登記権利者は受託者である島本研二さんとなる。
※4　登記義務者は委託者である島本達也さんとなる。
※5　権利に関する登記を申請する場合には、申請人は、法令に別段の定めがある場合を除き、その申請情報と併せて登記原因を証する情報を提供しなければならない（不登法61条）。信託契約書もしくは登記原因証明情報になるが、筆者は信託目録に記録すべき情報を明示するため、登記原因証明情報を作成し、登記権利者および登記義務者（報告形式の登記原因証明情報の場合には登記義務者のみ）の記名・押印をいただいている。
　　　◆登記原因証明情報には、
　　　①信託契約当事者（委託者・受託者）
　　　②対象不動産
　　　③信託契約の年月日
　　　④信託目録に記録すべき情報
　　　⑤信託契約締結の事実
　　　⑥信託契約に基づき所有権が移転したこと
　　　を内容とする（注1）。
※6　登記義務者が所有権移転の登記を受けたときの登記識別情報もしくは登記済証を提

※注1　『信託登記の実務』（日本加除出版）

供する。
※7 信託の登記を申請する場合、信託目録に記録すべき情報を記録した磁気ディスク（CD-R）の提出を行っている。テキストファイル、ワード、エクセル、一太郎で作成すればよい。
※8 課税価格として、土地・建物の登記時の固定資産課税台帳の登録価格を記載する。
※9 登録免許税は、所有権移転の登記分と信託の登記分の合計金額の記載になる。
【信託の登記の登録免許税】
原則は不動産の価額の1,000分の4の額（登法別表第一、1、(十)イ）。ただし土地に関する所有権の信託の登記の税率については、措法72条1項2号で1,000分の3に軽減されている（平成25年4月1日から平成29年3月31日まで）。
所有権移転の登記の登録免許税は非課税である。

◆添付書類（登記原因証明情報）

登記原因証明情報

1．登記申請情報の要項

（1）　登記の目的　　　所有権移転および信託

（2）　登記の原因　　　平成〇〇年〇〇月〇〇日信託

（3）　当　事　者

　　　　権利者（受託者）　〇〇市〇〇　　島本研二

　　　　義務者（委託者）　〇〇市〇〇　　島本達也

（4）　不　動　産　　　別紙のとおり

2．登記の原因となる事実または法律行為

（1）　信託契約の締結

受託者研二と委託者島本達也は、平成〇〇年〇〇月〇〇日、下記「信託目録に記載すべき事項」を信託の内容とする実家信託契約を締結した。

記

信託目録に記載すべき事項※
　　　　委託者の氏名住所　〇〇市〇〇　島本達也
　　　　受託者の氏名住所　〇〇市〇〇　島本研二
　　　　受益者の氏名住所　〇〇市〇〇　島本達也
１、信託の目的
　委託者 島本達也（以下「甲」という）は、財産の管理・運用・処分を目的として、本信託契約第２条記載の本田達也の財産（以下「信託財産」という）を受託者 島本研二（以下「乙」という）へ信託し、乙はこれを受託し、次のとおり信託契約（以下「本信託契約」という）を締結した。
　本信託契約の締結により、甲の判断能力が低下したとしても、さらに甲が死亡した後においても、信託された不動産においては乙がその必要性を認識したときに確実に売却することを目的とする。
２、信託財産の管理・運用および処分の方法
　　略
３、信託の終了事由
　　略
４、その他の信託条項
　　略

　　　　　　　　　　　　以下、略

※信託目録に記載する事項は、
１　委託者に関する事項
２　受託者に関する事項
３　受益者に関する事項等
４　信託条項
　　①信託の目的
　　②信託財産の管理方法
　　③信託の終了の事由
　　④その他の信託の条項

◆**登記記録例**

権利部(甲区)(所有権に関する事項)			
順位番号	登記の目的	受付年月日・受付番号	権利者その他の事項
1	所有権移転	平成〇〇年〇〇月〇〇日 第〇〇号	原因 平成〇〇年〇〇月〇〇日相続 所有者 〇〇市〇〇 島本達也
2※10	所有権移転	平成〇〇年〇〇月〇〇日 第〇〇号	原因 平成〇〇年〇〇月〇〇日信託※12 受託者 〇〇市〇〇 島本研二※13
	信 託※11	余 白	信託目録第1号※14

信託目録		調 製	余 白
番 号	受付年月日・受付番号	予 備	
第1号	平成〇〇年〇〇月〇〇日 第〇〇号	余 白	
1 委託者に関する事項	〇〇市〇〇　島本達也		
2 受託者に関する事項	〇〇市〇〇　島本研二		
3 受益者に関する事項	受益者　〇〇市〇〇　島本達也		
4 信託条項※15	1、信託の目的 　委託者 島本達也(以下「甲」という)は、財産の管理・運用・処分を目的として、本信託契約第2条記載の島本達也の財産(以下「信託財産」という)を受託者 島本研二(以下「乙」という)へ信託し、乙はこれを受託し、次のとおり信託契約(以下「本信託契約」という)を締結した。		

	（以下　略） 2、信託財産の管理・運用および処分の方法 　　略 3、信託の終了事由 　　略 4、その他の信託条項 　　略

※10 所有権移転と同時に信託の登記を申請したため、登記官は権利部の相当区に一の順位番号を用いて記録しなければならない（不登規175条1項）。
※11 所有権移転と同一の順位番号に登記の目的は「信託」と記録される。
※12 原因は、「平成〇〇年〇〇月〇〇日信託」と記録される。
※13 権利者の表記は「受託者」と記録され、「所有者」ではない。
※14 信託に関する内容については、信託目録で公示されるため、甲区欄には信託目録の番号のみ記録される。なお、信託目録の目録番号は不動産ごとに異なる目録番号が付される。
※15 上記以外の信託の登記の登記事項を明らかにするために、信託条項には第三者対抗要件が必要な事項を記録する。

5　金銭を分別管理

　実家信託では、実家が売却されるまで固定資産税の支払い義務は継続し、受託者に請求がくるので、納税できる金銭は信託しておきます。分別管理は必要ですので、小口現金的に封筒や袋などに信託財産と明示して分別管理し、そちらから固定資産税の支払いをする方法も選択肢のひとつです。

6 実家信託設定時および信託期間中の税務

(1) 信託設定時

　受益者が信託されている実家を有するものとみなすので、課税の主体は移動していません。よって、登録免許税（原則、不動産の固定資産税評価額の0.4％）はかかりますが、通常の売買や贈与にかかる不動産取得税の5分の1程度ですし、不動産取得税や贈与税はかかりません。

　なお、信託設定時の受託者の義務として、原則は、契約の日の属する月の翌月末日までに「信託に関する受益者別調書」および「信託に関する受益者別調書合計表」を税務署に提出しなければなりませんが（相法59条2項）、自益信託なので、信託設定時には税務署に提出する書類は原則ありません。

(2) 信託期間中の義務

　信託の受託者は信託計算書を、毎年1月31日までに税務署長に提出しなければなりません（所法227条、所規別表七（一））。ただし、各人別の信託財産に帰せられる収益の額の合計額が3万円以下であるとき（一定の場合を除きます）は、信託計算書の提出は必要ありません。居住のみの実家を信託する場合には、原則、信託計算書の提出も必要ありません。

(3) 決算書類の作成義務

　実家のみなので、金銭の出入りは固定資産税程度ですが、信託法で規定されているので、作成します。決算書案は105ページを参照ください。

7　父達也さんが死亡した場合の対応

　父達也さんが亡くなった場合はどうなるでしょうか？　生存中の達也さんは実家での生活を望んでいたため、本田さんへの借金の返済は遅滞することなく、返済していました。達也さんが亡くなったとしても、任意売却のための実家信託においては、受益者の死亡による信託終了はあり得ませんので、引き続き、受託者の研二さんが名義人となって管理していくことになります。

　今回、研二さんは母さゆりさんとともに相続放棄することを本田光司さんへ伝えるとともに、実家については研二さんが受託者として責任を持って売却手続きを行い、売却代金を弁済に充てることを本田さんに伝えました。光司さんは債権の全額回収はできないものの、相続人全員が相続放棄したとしても担保にとっている実家は円滑に売れるので、一安心しています。

【信託期間中に父達也さんが亡くなったときの受託者の仕事】

（1）　税務について

　設例の信託契約では、母さゆりさんが父達也さん死亡後の受益権を取得する旨の記載があるので、当該受益権に関しては母さゆりさんが相続した財産とみなされます。

①　信託受益権の評価＝所有権の評価（相続税の評価）

　受益者がさゆりさんに変更になるので、受益者の変更（相続の発生）が生じた日の属する月の翌月末日までに「信託に関する受益者別調書」および「信託に関する受益者別調書合計表」を税務署に提出しなければなりません（相法59条2項）。

第5章 「実家信託」で実家を任意売却！

◆信託に関する受益者別（委託者別）調書（土地）

信託に関する受益者別（委託者別）調書						
受益者 特定委託者 又は 委託者	住所 (居所) 又は 所在地	○○市○○町○○丁目○○番○○号		氏名又は名称 個人番号又は法人番号		○○○○	
			氏名又は名称 個人番号又は法人番号			
	○○市○○町○○丁目○○番○○号		氏名又は名称 個人番号又は法人番号		○○○○	
信託財産の種類	信託財産の所在場所		構造・数量等	信託財産の価額		
土地	○○市○○町○○丁目○○番○○号		○○	40,000,000		
信託に関する権利の内容	信託の期間	提出事由	提出事由の生じた日	記号番号	
	自 至	相続	平成○○・○○・○○			
(摘要) 別紙添付契約書記載のとおり （平成　年　月　日提出）						
受託者	所在地又は住所(居所) 営業所の所在地等 名称又は氏名 法人番号又は個人番号	○○市○○町○○丁目○○番		(電話)		
			(電話)			
		島本研二				
整理欄	①		②			

◆信託に関する受益者別（委託者別）調書（建物）

◆信託に関する受益者別(委託者別)調書合計表

提出事由	信託財産の種類	提出枚数	受益者数	特定委託者数	委託者数	信託財産の価額
効力発生	□金銭 □有価証券 □金銭債権 □不動産 □その他( )					
受益者変更	□金銭 □有価証券 □金銭債権 □不動産 □その他( )	2	2		1	45,000,000
信託終了	□金銭 □有価証券 □金銭債権 □不動産 □その他( )					
権利内容変更	□金銭 □有価証券 □金銭債権 □不動産 □その他( )					
計						

（2） 登記、法務について

　当初、受益者の達也さんが死亡しましたが、不動産の名義は受託者である研二さんのまま変わりませんので、所有権移転登記の手続きは不要です。信託契約で死亡後の受益者の順位を決めてあるので、受益者は実体的には自動的に達也さんに変わります。これに基づき、信託目録の「受益者の変更」を申請します。この不動産登記にかかる登録免許税は不動産１筆につき1,000円です。

◆登記申請書

```
                    登記申請書

登記の目的      受益者変更※1
原　　因        平成〇〇年〇〇月〇〇日島本達也死亡※2
変更後の事項    受益者変更
                受益者に関する事項等
                〇〇市〇〇　島本さゆり※3
申請人          〇〇市〇〇　島本研二※4
添付書類※5     登記原因証明情報※6       代理権限証書※7


平成〇〇年〇〇月〇〇日申請              〇〇法務局御中


代理人          〇〇市〇〇町〇〇丁目〇〇番〇〇号
                            〇〇〇〇      印


登録免許税※8   金2,000円
```

> 不動産の表示　　　略

※1　登記の目的は、信託目録の受益者に関する事項等欄の受益者の変更の登記である。
※2　登記原因日付は当初受益者の死亡日で、原因は【当初受益者名】死亡とする。
※3　変更後の事項は、次順位の受益者の住所と氏名を記載する。
※4　申請人として受託者を記載する。
※5　添付書類に登記識別情報や登記済証は添付不要
※6　登記原因証明情報は、当初受益者が亡くなった記載のある戸籍謄本
※7　受託者から司法書士への登記申請代理を委任する委任状

◆委任状

委　任　状[※7]

　私は、司法書士○○　を代理人と定め、次の登記申請に関する一切の権限を委任します。

記

1．不動産の表示　後記のとおり
1．登記の目的　　受益者の変更
1．原　　因　　　平成○○年○○月○○日島本達也死亡
1．変更後の事項　受益者変更
　　　　　　　　受益者に関する事項等
　　　　　　　　　　　○○県○○市　○○丁目○○番○○号
　　　　　　　　　　　　　　島本さゆり
1．申　請　人　　○○県○○市　○○丁目○○番○○号
　　　　　　　　　　　　　　島本研二

　　年　月　日

第5章 「実家信託」で実家を任意売却！

```
住　所　　　〇〇県〇〇市　〇〇丁目〇〇番〇〇号
氏　名　　　〇〇　〇〇

不動産の表示および信託目録の表示
　　　　　　〇〇市〇〇丁目〇〇番〇〇の土地
不動産番号　〇〇〇〇〇〇〇〇〇〇
```

◆登記記録例

権利部（甲区）（所有権に関する事項）			
順位番号	登記の目的	受付年月日・受付番号	権利者その他の事項
1	所有権移転	平成〇〇年〇〇月〇〇日　第〇〇号	原　因　平成〇〇年〇〇月〇〇日売買 所有者　〇〇市〇〇　島本達也
2※10	所有権移転	平成〇〇年〇〇月〇〇日　第〇〇号	原　因　平成〇〇年〇〇月〇〇日信託 受託者　〇〇市〇〇　島本研二
	信　託※11	余　白	信託目録第1号※14

信託目録		調　製	余　白
番　号	受付年月日・受付番号	予　備	
第1号	平成〇〇年〇〇月〇〇日　第〇〇号	余　白	
1 委託者に関する事項	〇〇市〇〇　島本達也		
2 受託者に関する事項	〇〇市〇〇　島本研二		

3 受益者に関する事項等	受益者　〇〇市〇〇　島本達也
	受益者変更 平成〇〇年〇〇月〇〇日 第１２３４５６★（受付番号） 原　因　平成〇〇年〇〇月〇〇日　島本達也死亡 受益者　〇〇市〇〇　島本さゆり
4 信託条項	1、信託の目的 　　略

8　相続放棄、実家の任意売却を進める

　達也さんの死亡から３ヵ月以内に相続人が相続放棄、研二さんは抵当権者である本田光司さんのもとで、実家の任意売却を進め、売買が行われ、信託登記と抵当権は抹消されました。売却代金は抵当権者本田光司さんが受け取り、債務の弁済に充てることができました。

　母さゆりさんと研二さんは相続放棄をしましたが、実家信託を事前に設定していたため、父達也さんが亡くなっても、研二さんが主体となって不動産の売却を行うことができました。

　研二さんは受託者でも実家の名義人なので、固定資産税の納税通知書は研二さんに届きます。これは相続人としての債務の弁済ではなく、受託者固有の義務になります。したがって、研二さん自身も早めに実家を売却しておきたいと思っていたので、買主を見つけて、円滑に売却ができました。

　なお、抵当権者本田光司さんが実際には売買代金相当額を受け取って、抵当権抹消書類を引き渡すことで、不動産が買主（高島晃一：仮名）に渡り、抵当権抹消登記と所有権移転および信託抹消登記を同時に申請することができました。

（1） 信託期間中の義務

　信託の受託者は、信託計算書を、毎年1月31日までに税務署長に提出しなければなりません（所法227条、所規別表七（一））。ただし、各人別の信託財産に帰せられる収益の額の合計額が3万円以下であるとき（一定の場合を除きます）は、信託計算書の提出は必要ありません。原則、任意売却のための実家信託では、オーバーローンのために受益者が受け取る金銭はないため信託計算書の提出は不要になります。

（2） 決算書類の作成義務

　信託法37条で規定された決算書を作成します。

◆決算書類

平成〇〇年〇〇月〇〇日

信託貸借対照表

(単位: 円)

資産の部

【流動資産】
普通預金	900,000
流動資産計	900,000

【固定資産】
(有形固定資産)
建　物	5,000,000
土　地	40,000,000
固定資産計	45,000,000

資産の部計	45,900,000

純資産の部

信託拠出金	46,000,000
未処理金	△100,000
剰余金計	45,900,000

（受益者島本達也さん個人の負債はありますが、信託財産ではないので、計算書には計上しません）

信託損益計算書および剰余金計算書

【費用の内訳】
租税公課	100,000
当期損失	100,000
次期繰越損失	100,000

※　自宅なので減価償却はしません

報告者
平成〇〇年〇〇月〇〇日　受託者　島本研二　印

(3) 受益者の確定申告

受益者は、任意売却を行っても所得が発生しない場合、確定申告にそれらの金額を入れる必要はないと思われます。

(4) 法務と登記について

不動産を売却する際の登記は所有権移転登記を申請しますが、信託財産の処分となるので不動産は信託財産ではなくなります。そこで、信託登記の抹消をする必要も出てきます。信託不動産が信託財産に属しないこととなった場合における信託の登記の抹消の申請は、所有権移転登記と信託登記抹消の申請とを同時にしなければなりません。なお、所有権移転登記の登記申請は買主を登記権利者、売主を登記義務者とする共同申請ですが、信託の登記の抹消は、受託者が単独で申請することになり、それらの登記を一つの申請で行うことになります(不登法104条)。

◆登記申請書

```
                       登記申請書

登記の目的    所有権移転および信託登記抹消※1
原  因     所有権移転  平成○○年○○月○○日売買※2
           信託登記抹消  信託財産の処分
権 利 者    ○○市○○  高島晃一  ※3
義 務 者(信託登記申請人)
           ○○市○○  島本研二  ※4
添付書類    登記原因証明情報※5  登記識別情報※6
           印鑑証明書  住所証明書  代理権限証書
   送付の方法により登記完了証の交付を希望します。
```

送付先:資格者代理人の事務所あて
　　送付の方法により登記識別情報通知書の交付を希望します。
　　　送付先:資格者代理人の事務所あて

平成〇〇年〇〇月〇〇日申請　　　　　　　　〇〇法務局御中

代理人　　　　　〇〇市〇〇町〇〇丁目〇〇番〇〇号
　　　　　　　　　　　　　〇〇〇〇　　　印
課税価格※7　　土　地　　金4,000万円
　　　　　　　　建　物　　金500万円
登録免許税※8　合　計　　金70万円
　　　　　　　　移転分　土　地　金60万円
　　　　　　　　　　租税特別措置法第72条第1項による
　　　　　　　　建　物　　金10万円
　　　　　　　　抹消分　　金2,000円
不動産の表示　　略

※1　登記の目的は「所有権移転および信託登記抹消」として、信託不動産の処分による所有権移転と信託登記の抹消を同時に申請する旨を記載する。
※2　所有権移転と信託登記の抹消の2つを同時申請するため、登記原因にも両方を記載する。所有権移転の日付は、売買を原因として売買契約成立日となる。また、信託登記抹消は信託不動産の処分によるため、原因は「信託財産の処分」となる。
※3　登記権利者は不動産の買主である高島晃一さんとなる。
※4　登記義務者兼信託登記申請人として所有権登記名義人の受託者島本研二を記載する。
※5　権利に関する登記を申請する場合には、登記原因を証する情報を提供しなければならない（不登法61条）ため、信託契約に基づいて売買したことを明らかにした登記原因証明情報になる（次ページ参照）。
※6　登記義務者が所有権移転の登記を受けたときの登記識別情報を提供する。実家の土地および建物を信託したときに発行される登記識別情報になる。
※7　課税価格として、土地・建物の登記時の固定資産課税台帳の登録価格を記載する。

※8　登録免許税は、所有権移転の登記分と信託登記の抹消分の合計金額の記載になる。
　　原則は不動産の価額の1,000分の20の額（登法別表第一、1、(二)ハ）。ただし土地に関する売買の所有権移転登記の税率については、措法72条1項1号で1,000分の15に軽減されている（平成27年4月1日から平成29年3月31日まで）。
　　信託の登記抹消の登録免許税は、不動産1個につき1,000円（登法別表第一、1、(十五)）。

◆添付書類（登記原因証明情報）

登記原因証明情報

1．登記申請情報の要項
（1）　登記の目的　　所有権移転および信託登記抹消
（2）　登記の原因　　所有権移転　平成○○年○○月○○日売買
　　　　　　　　　　信託登記抹消　信託財産の処分
（3）　当事者
　　　　権利者　　　○○市○○　高島晃一
　　　　義務者　　　○○市○○　島本研二
（4）不動産および信託目録の表示※1　　　別紙のとおり

2．登記の原因となる事実または法律行為
（1）　島本研二は、平成○○年○○月○○日付で島本達也と島本研二との間で締結された信託契約に基づく信託受託者である。
（2）　売買契約の締結
　島本研二は、本信託契約の本旨に従い、高島晃一に対し、平成○○年○○月○○日、本件不動産を売渡すことを約し、高島晃一は、島本研二に対し、その売買代金を支払うことを約した。
（3）　所有権移転の時期の特約
　本件不動産の所有権は、売主が売買代金全額を受領したときに、買主に移転する。

（4） 特約の履行
　買主高島晃一は、売主島本研二に対し、平成〇〇年〇〇月〇〇日前記売買契約に基づき売買代金全額を支払った。
（5） 所有権移転
　よって、本件不動産の所有権は、同日、島本研二から高島晃一に移転し、本件不動産の信託は終了した。
平成〇〇年〇〇月〇〇日　　　　　　　　　　　　〇〇法務局御中

※1　不動産ごとに信託目録番号を記載する。

◆登記記録例

権利部（甲区）（所有権に関する事項）			
順位番号	登記の目的	受付年月日・受付番号	権利者その他の事項
1	所有権移転	平成〇〇年〇〇月〇〇日　第〇〇号	原因　平成〇〇年〇〇月〇〇日売買　所有者　〇〇市〇〇　島本達也
2	所有権移転	平成〇〇年〇〇月〇〇日　第〇〇号	原因　平成〇〇年〇〇月〇〇日信託※12　受託者　〇〇市〇〇　島本研二※13
	信託	余白抹消※1	信託目録第1号※1
3	所有権移転	平成〇〇年〇〇月〇〇日　第222号	原因　平成〇〇年〇〇月〇〇日売買　所有者※2　〇〇市〇〇　高島晃一
	2番信託登記抹消※3	余白	原因　信託財産の処分※3

信託目録		調　製	余　白
番　号	受付年月日・受付番号	予　備	
第1号	平成○○年○○月○○日 第○○号	信託抹消　平成○○年○○月○○日受付第２２２号抹消※4	
1　委託者に関する事項	○○市○○　　島本達也		
2　受託者に関する事項	○○市○○　　島本研二		
3　受益者に関する事項等	<u>受益者　　○○市○○　　島本達也</u> 受益者の変更 平成○○年○○月○○日　第○○○○号 原　因　平成○○年○○月○○日島本達也死亡 受益者 　　○○市○○　　　島本さゆり		
4　信託条項	１、信託の目的 以下、略		

※1　島本研二へ所有権移転登記の際に登録された２番信託登記は信託財産の処分とともに消滅したため、甲区の「信託」「余白」「信託目録番号」の記録も抹消する記号（下線を付する。

※2　売買によって所有権は高島晃一に移転したので、「所有権移転」で順位番号が新たに記録されて、原因は「平成○○年○○月○○日売買」となり、権利者の表記は「所有者」となる。

※3　信託の登記が抹消になったので、２番付記登記に「２番信託登記抹消」と記録され、原因は「信託財産の処分」になる。

※4　信託目録も抹消されるが、目録の記録すべてに抹消する記号（下線）が付されるのではなく、予備欄に「信託抹消　平成○○年○○月○○日受付第○○号抹消」とのみの記録となる。すでに抹消されている登記目録も登記事項証明書の取得の請求時に信託目録付で請求すると、過去に記録された目録すべてが付けられて取得することになる。

4 信託終了時の税務

1 第三者へ売却して信託が終了

今回の事例のように、信託を合意のみで終了させるようにし、相続があっても信託を継続させておき、信託不動産の状態で第三者に売却した場合にも同様に、登録免許税が原則2％と不動産取得税が原則4％課税されてきます。これは買主に課税され、売主の受託者の負担は信託抹消にかかる登録免許税、つまり、1筆につき1,000円のみです。買主に課税される登録免許税や不動産取得税は信託されていない不動産でも、売却時に同じ税額で課税されるので、信託をしたからといって不動産の買主の負担が増える訳ではありません。

5 まとめ

本事例のように、担保権者と推定相続人との人間関係が構築されている場合には、親が認知症になったり、死亡する前に推定相続人が実家信託を活用して担保権者に迷惑をかけないようにすることは可能と思われます。ただ、多くのケースにおいては金銭の借主が貸主のために実家信託を組むことは費用や手間がかかることですので難しいでしょう。

しかし、視野を日本全体に広げてみると、実家信託でお互いが協力して空き家を防ぐことはとても価値あることです。

返済が滞った債務者に対して、担保権者はリスケジュールの要件とし

て実家信託を組むことを提案するのも、ひとつの選択肢として考えられてもよいかと思います。

おわりに

　日本には「もったいない」精神が息づいているといわれます。一方で空き家は年々増加しています。空き家は不動産です。自宅である不動産は多くの人々の財産の中で一番大きな割合を占めていると思います。その自宅、実家が誰にも使われずに放置されている空き家は、まさに「もったいない」そのものです。

　特に、急速な少子高齢化、高度医療の発達、権利意識の高まり等によって、近年私たちを取り巻く状況は目まぐるしく変わってきており、法制度がなかなか追いついてきません。空き家問題の要因のひとつもそれらが関係してきます。不動産の所有者の判断能力が無くなったとき、相続で揉めたときなどは、不動産の管理はできても、運用や処分は原則、できなくなってしまいます。細かい法律で規定することも必要ですが、信託の柔軟な活用によって、今までできなかったことが工夫次第で自由にできるのです。

　そこで、実家という大きな財産が空き家というもったいない存在にしないためには、事前の準備が不可欠です。

　しかし、一番の大きなハードルは、多くの人が実家が空き家になってしまうリスクに気がついていないという点です。

　老夫婦のみ、もしくは高齢者のお一人様の住居は遅かれ早かれ、空き家になってしまう可能性を多く含んでいます。

　それらのリスクに対処するため、空き家になる前に信託を組むことが当たり前の社会になっていけば、「もったいない」不動産が減っていくと思います。

　この書籍を多くの方が活用することで凍結しない資産形成を実行されていくことを切に希望します。

◆著　者

司法書士法人ソレイユ
代表司法書士　杉谷　範子

平成元年　京都女子大学卒業後、東京銀行（現在の三菱東京ＵＦＪ銀行）に入行
平成15年　司法書士登録
平成25年　同職の河合保弘と司法書士法人ソレイユを結成
平成22年から現在　千葉県市川市担当行政相談員（総務大臣委嘱）

「民事信託・家族信託」「種類株式等の会社法」を駆使した相続・事業承継対策で「親孝行の後継（あとつぎ）さん」を応援している。
夫、長男、長女の４人家族で、主婦業、母業、司法書士業の一人三役を担う。

【主な著書（共著）】
＊だれも言わなかった！「新会社法5つの罠と活用法」(2006年4月出版文化社）
＊銀行員のための新会社法(2006年4月　銀行研修社）
＊誰でもわかる新会社法の超入門(2007年12月　C&R研究所）
＊種類株式プラスα徹底活用法(2007年7月　ダイヤモンド社）
＊中小企業のための戦略的定款(2008年6月　民事法研究会）
＊中小企業の経営承継・長寿企業に通じる12の事例(2010年6月　日本加除出版）
＊誰でも使える民事信託(2011年2月　日本加除出版）
＊家族信託実務ガイド(2016年3月から出版開始、3月、6月、9月、12月発売　日本法令）

司法書士法人ソレイユ

本店　　〒100-0005　東京都千代田区丸の内2丁目2番1号　岸本ビルヂング602号
　　　　　　　　電話　03-3214-2107／FAX　03-6385-7518
　　　　　　　　URL　http://votre-soleil.com/
千葉支店　〒272-0133　千葉県市川市行徳駅前1丁目26番15号　河幸第6ビル3階
　　　　　　　　電話　047-359-4474／FAX　047-396-7711

◆執筆協力

税理士法人おおたか
成田　一正

税理士法人おおたか　代表
公認会計士・税理士・ITコーディネーター

〒103-0002
東京都中央区日本橋馬喰町1-1-2 ゼニットビル6F
電話　03-5640-6450／FAX　03-5641-1922
URL　http://www.ootaka.or.jp／　メール　info@ootaka.or.jp

昭和27年、東京都出身。
東京国税局を経て、大手監査法人で監査業務を10年間勤めた後、関連法人でオーナー経営者のための資産税関係を担当する。当時は株式公開ブームもあり、公開準備のバックアップを経験。経営者に対する税コンサルティングを始める。
昭和60年から、事業承継・税務コンサルティング・相続税相談業務に携わる。すでに30年以上もの間、経営者様に対する税務コンサルティングと資本政策をアドバイス。
また、これらに関連しての相続業務の実行、遺言の執行者や成年後見制度にも精通している。

【好きな言葉】「日々改善・日々前進」「僕の前に道はない。僕の後に道はできる」
【主な著書（監修）】「信託を活用した ケース別 相続・贈与・事業承継対策」「『危ない』民事信託の見分け方」「認定医療法人制度と医業承継対策」「Q&A 事業承継・自社株対策の実践と手法」「よくわかる税制改正と実務の徹底対策」「企業組織再編税制の解説」他多数

弁護士法人太田・小幡綜合法律事務所
弁護士　小幡　朋弘
弁護士　京谷　周

〒103-0027
東京都中央区日本橋2丁目1番14号
日本橋加藤ビルディング6階
電話　03-6869-0028
URL　http://www.oota-law.com/

「札幌－東京」を基軸として、関連専門家との密な連携による真の問題解決の実践に取り組む。
司法書士法人ソレイユとの業務提携の下、「民事信託のインフラ化」を目指す。

司法書士法人ソレイユ
代表司法書士　河合　保弘

一般社団法人全国空き家相談士協会
〒166-0003
東京都杉並区高円寺南2-19-5　大幸ビル2階
電話　03-3318-0231 ／ FAX　03-3318-0296
URL　http://www.akiyasoudan.jp/index.html

◆参考文献

＊『新しい家族信託』遠藤英嗣（日本加除出版）
＊『家族信託実務ガイド第1号「信託の歴史」』高橋倫彦（日本法令）
＊『信託法入門』道垣内弘人（日本経済新聞出版社）
＊『信託登記の実務』信託登記実務研究会編（日本加除出版）
＊『信託登記の理論と実務　第3版』藤原勇喜（日本加除出版）
＊『信託を活用した新しい相続・贈与のすすめ』笹島修平（大蔵財務協会）
＊『家庭裁判所における成年後見・財産管理の実務』片岡武他（日本加除出版）
＊『「再契約保証型」定期借家契約のすすめ』秋山英樹他（プログレス）
＊『空き家問題　1000万戸の衝撃』牧野知弘（祥伝社）
＊『民事信託実務ハンドブック』平川忠雄他（日本法令）
＊『老後のお金』河合保弘（幻冬舎）
＊『民事信託超入門』河合保弘（日本加除出版）
＊『家族信託活用マニュアル』河合保弘（日本法令）
＊『新しい相続のススメ』河合保弘（学研）
＊『相続人不存在の実務と書式』（民事法研究会）
＊『不在者・相続人不存在　財産管理の実務』（新日本法規）
＊『ザ・信託　信託のプロをめざす人のための50のキホンと関係図で読み解く66の重要裁判例』宮崎裕二（プログレス）

空き家にさせない！「実家信託」	平成28年12月10日　初版発行

検印省略

〒101-0032
東京都千代田区岩本町1丁目2番19号
http://www.horei.co.jp/

著　者	杉　谷　範　子
発行者	青　木　健　次
編集者	鈴　木　　潔
印刷所	日本ハイコム
製本所	国　宝　社

（営業）　TEL　03-6858-6967　　Eメール　syuppan@horei.co.jp
（通販）　TEL　03-6858-6966　　Eメール　book.order@horei.co.jp
（編集）　TEL　03-6858-6957　　Eメール　tankoubon@horei.co.jp

（バーチャルショップ）　http://www.horei.co.jp/shop
（お詫びと訂正）　http://www.horei.co.jp/book/owabi.shtml

※ 万一、本書の内容に誤記等が判明した場合には、上記「お詫びと訂正」に最新情報を掲載しております。ホームページに掲載されていない内容につきましては、FAXまたはEメールで編集までお問合せください。

・乱丁、落丁本は直接本社出版部へお送りくだされればお取替えいたします。
・Ⓡ＜日本複製権センター委託出版物＞本書の全部または一部を無断で複写複製（コピー）することは、著作権法上での例外を除き禁じられています。また、本書を代行業者等の第三者に依頼してスキャンやデジタル化することは、たとえ個人や家庭内での利用であっても一切認められておりません。

© N.Sugitani 2016.Printed in JAPAN
ISBN 978-4-539-72512-2